Les Stéréotypes
en entreprise

Groupe Eyrolles
61, bd Saint-Germain
75240 Paris Cedex 05

www.editions-eyrolles.com

Chez le même éditeur :

Mixité, quand les hommes s'engagent,
collectif dirigé par Marie-Christine Mahéas

Patrick Scharnitzky

Les Stéréotypes en entreprise

Les comprendre pour mieux
les apprivoiser

EYROLLES

À la plus grande fan de Roger Whittaker

Table des matières

Préface

Louis Schweitzer[1]

Le livre de Patrick Scharnitzky *Les Stéréotypes en entreprise* est un livre important et utile car il éclaire la cause principale de nombreuses discriminations et donne les moyens de les éliminer.

À mon arrivée à la présidence de La Haute Autorité de lutte contre les Discriminations et pour l'Égalité, à la création de celle-ci en 2005, nous avions constaté les ravages que causaient les discriminations et la nécessité de lutter contre celles-ci avec énergie.

Notre premier objectif était de susciter une prise de conscience du problème et de garantir à toutes les victimes de discriminations un recours effectif. Dans cet esprit nous avons d'abord mis l'accent sur le fait que les discriminations constituaient un délit pénal. Mais très vite il est apparu que l'approche pénale, privilégiée par de nombreuses associations de lutte contre les discriminations, n'était pas, dans la grande majorité des cas, la plus adaptée car elle impliquait la preuve de l'intention discriminatoire et celle-ci était difficile à établir ; surtout, dans beaucoup de cas elle était absente. La discrimination résultait de préjugés ou de stéréotypes dont l'auteur des discriminations n'avait souvent pas conscience. Cela nous a conduit à développer, parallèlement à l'action juridique, qu'elle soit pénale ou civile, une action de promotion de l'égalité orientée vers les partenaires sociaux, les employeurs, publics ou privés, les

1. Président de la Haute Autorité de lutte contre les discriminations et pour l'égalité jusqu'en mars 2010.

grandes et petites entreprises, vers les propriétaires bailleurs et les agences immobilières.

Cette double approche, juridique et pédagogique, a permis d'obtenir des résultats notables. La très grande majorité des grandes entreprises et des administrations se sont engagées dans la mise en place de politiques de diversité et d'égalité des chances fondées sur un souci d'équité et d'efficacité avec des résultats réels.

Mais force est de reconnaître que les tests montrent que les discriminations sont encore bien réelles, qu'elles soient fondées sur l'origine ou l'âge, que les salaires et les carrières des femmes ne sont pas, le plus souvent, à la hauteur de ceux des hommes, que peu d'entreprises emploient plus de 5 % de salariés handicapés, que nombre de personnes subissent les conséquences négatives des préjugés dans leur vie professionnelle et sociale. Je ne pense pas que les quotas, adaptés à certaines situations (assemblée politique, conseils d'administration), doivent ou peuvent être étendus à d'autres domaines professionnels. Et c'est pourquoi il faut approfondir l'analyse et étudier, pour les surmonter, les stéréotypes.

Le livre de Patrick Scharnitzky apporte sur ce sujet une contribution essentielle. Il est clair et facile à lire, concret, illustré d'exemples tirés de la vie réelle et de résultats d'analyses scientifiques. Il rend compte de façon rigoureuse et précise des derniers progrès de la connaissance. Il ne condamne pas mais éclaire et propose des notes d'actions concrètes utiles à tous les managers, à tous les responsables des ressources humaines mais aussi à tous ceux qui ont une responsabilité dans la société et le vivre ensemble, c'est-à-dire chacune et chacun d'entre nous.

Préambule

Un mardi matin, je dépose en scooter mon fils à l'école place de la République à 8 h 20 et je dois être à La Défense pour une formation qui commence à 9 heures. Du coup, je m'autorise un passage par le trottoir pour ne pas avoir à contourner une série de rues en sens interdit dont les ergonomes urbains ont l'insondable secret. Et bien sûr, deux gendarmes sur des engins quatre fois plus cubés que le mien m'arrêtent de façon autoritaire. Il faut dire que mon scooter est un peu abîmé, sale, qu'il fait encore noir et que je ne porte pas de costume. Suis-je un hooligan de l'asphalte ? C'est manifestement ce qu'ils pensent.

Je m'exécute, retire mon casque et m'adresse à eux poliment avec des phrases bien construites, garnies d'adverbes et comprenant plus de dix mots chacune. L'un d'eux me demande pourquoi j'ai commis cette infraction et, avec une humilité à peine surjouée, je lui explique mes contraintes professionnelles associées à mon statut monoparental. Et là, miracle, son visage s'adoucit d'un coup. Il me rend mes papiers et me fait promettre de ne jamais recommencer. J'ai échappé à une amende de 135 euros et à un retrait de deux points sur mon permis.

Je partais faire une formation diversité et, sur mon scooter, je me dis que parfois les stéréotypes ont du bon, surtout quand ils sont positifs. Un consultant bien élevé qui travaille ne mérite manifestement pas d'être puni, à la différence d'un adolescent malotru qui traîne.

Vous m'imaginez avoir eu à ce moment précis un déclic pour écrire sur les stéréotypes ? Pas du tout. Je voulais juste commencer ce livre par une anecdote, un peu comme le font tous les conférenciers pour détendre l'atmosphère et éloigner la menace toujours présente qu'on va assister à un monologue sorbonnard. J'ai l'idée de ce livre depuis très longtemps. J'ai soutenu ma thèse de doctorat sur les stéréotypes en 1997 et j'ai enseigné ce concept pendant quinze ans à l'université. Et depuis quelques années, j'enseigne la psychologie appliquée au management à ESCP Europe. J'interviens également sur les questions de lutte contre les discriminations, de management de la diversité et des stéréotypes en entreprise pour un cabinet de conseil RH. Donc l'envie est là depuis très longtemps mais le moment est aujourd'hui le bon.

Toutes ces questions liées à la diversité ont connu trois grandes périodes en France depuis environ quinze ans. Les entreprises ont commencé par engager des process de lutte contre les discriminations avec des motivations plus ou moins éthiques. Pour certaines en tout cas, il s'agissait juste de se conformer à la loi, ou de réduire certains coûts, notamment liés au handicap.

Une fois les process dépoussiérés, certaines entreprises se sont attelées à la question du management de la diversité. C'est bien beau de recruter et de promouvoir de façon plus diversifiée, encore faut-il faire vivre ensemble et, de façon efficace, tout ce petit monde bariolé. À ce titre, certaines entreprises ont déployé des actions positives, des sensibilisations et des formations, ont élargi leurs viviers et changer leurs méthodes avec, pour quasiment toutes, les mêmes axes prioritaires : le handicap, l'égalité professionnelle et la gestion des seniors. On s'est engouffré avec très peu de recul dans des actions qui, pour certaines, ont porté leurs fruits mais qui, pour toutes, posent le problème de la stigmatisation. « Et pour les hommes blancs de 35 ans, mariés, valides et parisiens, vous faites quoi ? » me demande à peu près à chaque formation un homme blanc de 35 ans marié, valide et parisien. Et oui, le problème du management de la diversité quand on se concentre sur certains critères, c'est de passer à côté de tous les autres.

Alors, depuis quelques années, les entreprises les plus matures se sont lancées dans « l'inclusion ». Il s'agit d'envisager la diversité de façon beaucoup plus globale, sans pour autant abandonner des actions ciblées sur certaines populations. Le principe est de sortir d'une logique par critères, pour envisager chaque individu dans son unicité.

On comprend alors pourquoi le concept de stéréotype est devenu prépondérant car manager la diversité de façon inclusive c'est aller bien au-delà des process ou des actions déployées sur certaines populations. Il s'agit de faire évoluer les mentalités afin de créer un climat dans lequel chacune et chacun puisse être reconnu.

Écrire un livre sur les stéréotypes aujourd'hui, c'est donc répondre à une demande importante sur ce concept qui reste difficile à appréhender dans toutes ses dimensions, même pour les spécialistes, et totalement obscur pour les néophytes. Mon souhait est de répondre aux multiples questions que les managers, les RH et les responsables diversité se posent dans l'entreprise, sans jargon scientifisé mais en m'appuyant sur des travaux scientifiques. J'évoquerai notamment un programme de recherche que j'ai le plaisir de copiloter avec Inès Dauvergne pour le compte d'IMS Entreprendre pour la cité depuis 2010. Ce programme de recherche a réalisé un état des lieux de certains stéréotypes majeurs dans les entreprises et surtout listé les leviers d'action permettant de réduire leur influence néfaste sur les relations professionnelles. Il se compose de quatre volets, le handicap (2011), le genre (2012), les origines (2014), et le dernier sur les générations en 2015. Pour étayer mes propos, je ferai donc parfois référence à cette recherche.

Ce livre se veut accessible. Chaque question est traitée de façon quasi indépendante des autres et peut se lire de façon isolée. Les exemples sont inspirés de faits réels et certaines personnes risquent de se reconnaître mais toutes les fonctions et les composantes de l'entreprise vont trinquer car si nous sommes toutes et tous potentiellement victimes de stéréotypes, nous sommes également toutes et tous façonnés par ces mêmes stéréotypes.

1

Les stéréotypes en entreprise De quoi s'agit-il ?

Un stéréotype
c'est quoi ?

De nombreux ouvrages sur les stéréotypes sont disponibles tant ce concept occupe une place privilégiée dans les travaux de recherche sur les conflits intergroupes et la discrimination (pour une revue de questions, voir Leyens, Yzerbyt et Schadron, 1996 ; Azzi et Klein, 1998 ; Bouhris et Leyens, 1999 ; Legal et Delouvée, 2008 ; Fiske et Taylor, 2011 ; Whitley et Kite, 2013).

Les contours
d'un concept méconnu

Nous disposons de deux types d'informations pour percevoir, comprendre et interagir avec le monde extérieur : les savoirs qui génèrent une pensée dite « scientifique » et les croyances (au sens large du terme) qui alimentent plutôt une pensée dite « de sens commun » (pour une revue de questions complète sur les différents modes de pensée, il convient de se référer à l'excellent

ouvrage de Didier Kahneman : *Thinking, Fast and Slow* (2011)).
Les savoirs sont avérés et rationnels. En nous offrant une photographie exacte de la réalité, indépendamment de la perception
subjective que nous en avons, ils nous permettent d'adopter
les comportements adéquats. C'est, par exemple, le mode de
pensée attendu d'un chercheur dans le cadre de son exercice
professionnel. Il déploie des protocoles scientifiques dont l'objet est d'isoler la cause d'un processus, *toutes choses égales par
ailleurs* selon la formule consacrée. C'est aussi ce qui est attendu
d'un recruteur menant ses entretiens d'embauche : se former
une impression exacte d'un candidat, selon ses compétences,
ses expériences et les performances attendues en lien avec le
poste. Mais l'exactitude est bien plus compliquée à établir dès
que l'on sort du laboratoire et qu'on évolue dans la vraie vie.

En effet, la réalité du quotidien est protéiforme et il est bien
difficile d'isoler des causes uniques à un événement. Quand un
consultant a échoué sur une mission chez un client, les causes
peuvent être multiples. Est-ce son incompétence ? La demande
du client mal formulée ? Un *staffing* défaillant ? Une stratégie mal
adaptée ? On peut aussi imaginer que toutes ces causes s'addi-
tionnent sans pour autant être en mesure d'isoler et quantifier
la responsabilité de chacune. Il est également envisageable que
ces causes multiples se soient mutuellement alimentées : moins
le consultant est compétent, plus il aura du mal à faire émerger
une demande claire chez son client. Et si, en plus, ce n'était pas
la bonne personne pour cette mission, il a probablement perdu
confiance en lui, ce qui l'a rendu encore moins performant que
ce que sa compétence intrinsèque pouvait laisser présager. Il est
donc clair que la pensée scientifique est rarement adaptée à nos
comportements quotidiens.

En outre, si elle répond à un besoin d'exactitude, elle ne
garantit aucunement une forme de bien-être car la réalité
n'est pas, par essence, flatteuse ou rassurante. Imaginons que
notre recruteur effectue parfaitement son travail, il applique

un process millimétré, il coche ses cases, trie, compare et fait le choix le plus rationnel du meilleur candidat pour le poste. Mais pas de chance, ce candidat a une tête qui ne lui revient pas. Inconsciemment, il lui rappelle un vieil oncle qu'il détestait quand il était petit. Que fera alors le recruteur ? Sera-t-il toujours capable de faire le choix de la raison et du rationnel au risque de recruter un futur collaborateur avec lequel il sera toujours mal à l'aise sans comprendre pourquoi ? Ou peut-il être tenté d'écarter ce candidat pour rechercher le confort d'un relationnel moins menaçant ?

Et dans la vraie vie

Au réveil, je ne suis pas animé par une volonté pure et sacrée de percevoir le monde de façon exacte mais plutôt et tout bêtement d'aller bien. J'ai envie de passer une bonne journée. J'allume France Info pendant que je bois mon café et j'en profite pour fumer ma première cigarette (la meilleure faites-moi confiance !). Je tombe sur l'interview d'un scientifique qui m'explique les méfaits systématiques du tabac sur la durée de vie. Quel est mon réflexe ?

Option 1 : je suis rationnel et j'écrase ma cigarette en jurant que c'est la dernière. Je comprends que le fait de fumer comme je le fais depuis vingt ans va me faire perdre cinq à dix ans d'espérance de vie et même si j'assume que c'est banal, je ne suis pas très motivé à l'idée de mourir trop tôt. Mais du coup, quel déplaisir. Car, d'une part, j'aime fumer et je n'ai pas du tout envie de me priver de ce plaisir (il y en a si peu me dis-je...) et, d'autre part, j'admets par là même que, pendant vingt ans, j'ai eu tort de fumer.

Option 2 : je vais contourner l'information scientifique de sorte qu'elle ne menace pas la joie de vivre qui m'anime en cette belle matinée de juin. Je mets en place un mécanisme de défense dont l'objectif est de me protéger de cette réalité menaçante. Oui j'ai bien compris qu'il y a une menace mais ce n'est qu'une statistique, et cela ne concerne pas tous les fumeurs. La preuve, mon grand-père fume depuis ses 14 ans et il se porte comme un charme. En plus, je suis sûr que cela concerne surtout les gens qui boivent de l'alcool et qui ne font jamais de sport. Moi la cigarette est mon seul vice, en dehors de cela j'ai une hygiène de vie irréprochable. Enfin et c'est l'argument magique de tous les fumeurs : « Moi, j'arrête quand je veux ! »

Admettez qu'on se reconnaît plus dans l'option 2. Transférez cet exemple au fait de rouler vite, ou de ne pas toujours utiliser de préservatif et vous comprendrez la magie de notre pensée de sens commun.

Pour aller bien, il nous est donc nécessaire de faire coller la réalité à la représentation positive que nous voulons en avoir afin que celle-ci ne soit pas toujours menaçante pour notre état de santé ou pour notre image. Pour ce faire, nous utilisons donc une pensée de sens commun qui doit satisfaire trois besoins essentiels.

Le premier concerne le « bien-être mental ». Cela correspond au besoin de comprendre l'environnement dans lequel nous évoluons. Mieux nous le comprenons, mieux nous pouvons le domestiquer, anticiper sur le futur et adapter nos comportements (voir Dubois, 1987).

Le deuxième caractérise le « bien-être social ». Nous devons, bien sûr, nous sentir unique car le sentiment d'être interchangeable est assez désagréable. Mais dans le même temps, nous devons exister socialement dans un système. Nous avons besoin de partager des codes, d'être reconnus par les autres et de ressembler à des schémas qui nous rassurent. Cette forme de bien-être nous pousse donc inconsciemment à un certain mimétisme qui se traduit par des codes sociaux partagés tels que le langage, les pratiques culturelles ou encore certains standards vestimentaires.

Enfin, le troisième concerne une sorte de « bien-être affectif ». Nous avons besoin d'être rassurés, d'évoluer dans un environnement non menaçant car le stress est inconfortable. Et pour réduire cette menace, nous sommes prêts à toutes les contorsions possibles pour réinterpréter la réalité de sorte qu'elle nous apaise.

Mais le monde de l'entreprise est-il toujours en mesure de satisfaire ces trois besoins ? D'une part, l'entreprise est un système de plus en plus complexe, souvent organisé en une constellation d'entités faisant intervenir des partenaires de toutes sortes. Elle est sur-organisée, sur-planifiée, constituée de codes et de normes explicites et implicites complexes. Le « calvaire » que représentent les premiers jours d'un stagiaire en est un bon révélateur. On crée des codes pour se parler, on abuse d'acronymes et d'anglicismes, on invente des titres pour répartir les responsabilités, on place les gens dans des organigrammes improbables et celui ou celle qui arrive dans ce système complexe n'y comprend rien. L'entreprise moderne est donc de moins en moins en capacité de satisfaire une forme de bien-être mental.

D'autre part, les acteurs de l'entreprise sont de plus en plus volatils, le *turn-over* est important même dans les entreprises dont la philosophie est de « faire grandir » ses salariés. Les contrats sont multiples au point qu'on ne sait plus très bien qui est dedans et qui est dehors. Se côtoient des gens en CDI, des CDD, des stagiaires, des intérimaires, des apprentis, des personnes détachées et payées par un fournisseur mais qui travaillent bien dans les locaux. Il est donc difficile de développer un sentiment d'appartenance sociale. Quand un intérimaire travaille sur une mission depuis douze mois ou qu'un salarié a accumulé plusieurs dizaines de CDD, quel sentiment d'appartenance peut-il développer ? On lui demande de s'investir pour l'entreprise mais dans le même temps, on ne le titularise pas. C'est une forme d'injonction paradoxale qui peut le mettre dans une situation délicate, potentiellement source de mal-être.

S'ajoute à cela le fait que les mutations sociétales et les attentes par rapport au monde du travail ne permettent pas toujours une identification aux valeurs de l'entreprise. En effet, le rapport au travail change du fait de la place socialement valorisée accordée à la vie extra-professionnelle : la parentalité, la santé, le sport, etc. Beaucoup d'études convergent vers la conclusion que les valeurs de ce XXIe siècle changent et que nos envies d'éthique se déconnectent de plus en plus de celles des entreprises. Le développement durable, la non-discrimination, la protection de la petite enfance dans les pays émergents sont autant de valeurs modernes auxquelles les entreprises doivent faire face dans la capacité à générer l'adhésion de leurs salariés à certaines pratiques industrielles par exemple. Pour toutes ces raisons, on comprend bien que l'entreprise aujourd'hui peine à concilier enjeux éthiques et exigences de performance, ce qui peut compliquer sa mission de satisfaire le bien-être social.

Enfin, le bien-être affectif est constamment menacé par une situation économique et financière instable, la précarité de certains contrats rend fragile la position de beaucoup de salariés, le stress et la pression temporelle sont présents dans toutes les activités. La concurrence accrue pousse les entreprises à un management agressif et peut créer un mal-être au travail qui peut se traduire par ce que l'on appelle pudiquement « les risques psychosociaux ». L'exemple le plus extrême est, bien entendu, le suicide mais le mal-être touche un nombre infiniment plus important de personnes dans une forme plus larvée et souvent indémontrable qu'est le stress. Là encore, force est de constater que l'entreprise peine de plus en plus à garantir un bien-être affectif.

De fait, l'entreprise est un environnement qui ne facilite pas toujours le recours à une pensée rationnelle. Au contraire, elle stimule le recours à une pensée de sens commun qui permet, par distorsion de cette réalité, de retrouver une forme de bien-être et d'aller bien. Et plus elle est menaçante, plus elle accentue par voie de conséquence le recours à la pensée magique, aux biais décisionnels et aux stéréotypes.

Et dans la vraie vie

Un bon exemple serait celui des rumeurs (Kapferer, 1987). Les rumeurs sont des informations invérifiables qui se propagent dans l'entreprise à une vitesse accrue par les nouveaux outils digitaux de la communication. Or, dans 90 % des cas, les rumeurs sont négatives et leur apparition est corrélée à l'état de santé de l'entreprise. C'est donc quand l'entreprise crée du mal-être (mental, social et affectif) que les rumeurs fleurissent comme des pensées magiques permettant de retrouver une illusion de contrôle sur la situation. Il est d'ailleurs intéressant de noter que le sentiment de contrôle synonyme de bien-être peut nous faire préférer une rumeur anxiogène à une absence totale de visibilité sur le futur.

Pour nous adapter de façon confortable et rassurante à cette réalité menaçante, nous utilisons donc des filtres perceptifs. Ils fonctionnent comme des vitres déformantes ou colorées qui nous permettent de voir la réalité telle qu'on la souhaiterait. Ces filtres touchent les objets physiques (« je roule très vite mais j'ai une voiture championne du monde du freinage donc tout va bien »). Mais cela concerne surtout la perception des personnes : il est amusant par exemple de constater que nous utilisons l'adage : « Il n'a que ce qu'il mérite » même quand il s'agit de malchance ! Comme s'il existait un lien logique entre la « beauté intérieure » d'une personne et sa propension à être chanceuse. Enfin, et c'est ce qui nous intéresse ici, cela peut concerner la perception des groupes : « Il a été licencié mais ça ne m'étonne guère car les universitaires ont toujours du mal à s'intégrer dans notre système. » Les filtres perceptifs qui s'appliquent aux groupes sont des stéréotypes (*cf.* la « théorie du monde juste » de Lerner, 1965).

Un stéréotype est un ensemble d'informations et de croyances associées aux membres d'un groupe, quel qu'il soit. Il se compose d'une liste de caractéristiques accumulées tout au long de notre vie et dont les sources sont multiples : rencontres directes comme lors d'un stage dans une entreprise pendant les études ou exposition passive à des informations indirectes : le cadre socioculturel, les médias, les échanges politiques lors du repas dominical, le regard de l'institutrice différent envers certains élèves, etc.

Un stéréotype est quasiment toujours une vision partagée au sein d'une culture donnée (même si techniquement cette composante n'est pas indispensable pour qualifier un stéréotype comme tel). Cette consensualité est très importante pour comprendre leur force de résistance. C'est le principe de la « quantité qui fait loi ». Si tout le monde a la même opinion des chauffeurs de taxi, c'est bien qu'il doit y avoir un fond de vrai car, selon la formule consacrée : « Il n'y a pas de fumée sans feu ! » On comprend donc que plus un stéréotype est ancien, partagé et ancré dans la culture, plus il est perçu comme vrai et indéboulonnable.

Ces informations stockées par notre mémoire envers les groupes sociaux peuvent être extrêmement variées.

Les traits de personnalité : c'est l'essentiel de ce qui compose un stéréotype. Les traits de personnalité sont des qualificatifs qui peuvent être négatifs (paresseux, stupide, menteur...), positifs (dynamique, autonome, cultivé...), ou plus rarement neutres (par exemple introverti) car il est difficile de ne pas associer une valeur sociale à toute dimension de la personnalité. Ils sont appliqués aux membres d'un groupe par généralisation (« ils sont TOUS intelligents ») et exagération (« ils sont TRÈS intelligents »), ce qui les renforce. Dans ces traits de personnalité on peut retrouver des éléments qui s'apparentent davantage à des pratiques ou des habitudes (« les Anglais ne savent pas cuisiner »), à des attitudes ou opinions (« les Américains sont des libéraux »), ou encore à des goûts (« les Italiens aiment le bruit »).

Les caractéristiques physiques : nous associons, en effet, les groupes de personnes à des caractéristiques visuelles car elles sont particulièrement percutantes et primaires dans notre perception des autres. Cela peut concerner la couleur de la peau, la forme du visage, la taille et le poids ou la tenue vestimentaire. Et là encore, il est très difficile de ne pas associer un système de valeurs aux différences, même physiques. La société nous fait préférer les grands aux petits ou encore les gens minces à ceux qui ont des « rondeurs disgracieuses » comme on dit dans les émissions de téléachat. Faites l'exercice d'imaginer que vous êtes costumier sur un long-métrage et qu'on vous demande de choisir la tenue typique d'un informaticien. Vous ne pouvez pas empêcher votre cerveau de lui mettre des lunettes !

CE QU'EN DIT LA RECHERCHE

Une étude sur les stéréotypes associés à l'apparence physique fait apparaître une différence de plus dans l'appréciation des hommes et des femmes (Ruffle et Shtudiner, 2012). On a envoyé des CV d'hommes et de femmes en réponse à de réelles offres d'emploi selon trois conditions : pas de photo, une photo d'une femme ou d'un homme physiquement attrayant, ou une photo d'une femme ou d'un homme peu attrayant. Dans tous les cas, la photo d'une personne peu attrayante génère le moins de propositions d'entretien de recrutement par rapport à la condition sans photo. En revanche, la photo d'un homme perçu comme beau fait sensiblement augmenter le nombre de propositions d'entretien alors que la photo d'une femme perçue comme belle fait retomber le nombre de propositions d'entretien. L'attractivité physique des hommes est corrélée à ses compétences alors que l'attractivité physique d'une femme est suspecte. En effet, comment imaginer qu'une femme puisse être à la fois belle et intelligente ? Constat affligeant mais phénomène qui est la conséquence logique de la façon dont la beauté physique des femmes est instrumentalisée et mise en scène dans les médias de toutes sortes comme incompatible avec toute forme de compétences intellectuelles...

Il faut préciser que ces caractéristiques physiques subissent un processus d'assimilation (« ils sont tous pareils ») inversement proportionnel à la connaissance que nous avons du groupe. Par exemple, les Européens ont la sensation que les Asiatiques ont tous la même tête et que ce qui différencie un Japonais des autres c'est l'appareil photo qu'il a autour du cou. De fait, il est bien incapable de distinguer un Vietnamien d'un Coréen. Mais si l'on demande à un Chinois de faire le même exercice, il parviendra sans aucune difficulté à faire cette distinction. Donc, moins nous connaissons un groupe et plus nous en avons une vision homogène et c'est particulièrement vrai pour les caractéristiques physiques.

Trois types de stéréotypes : hétéro, auto, méta

Pour bien comprendre leur impact, il est nécessaire de distinguer trois types de stéréotypes en fonction de leur objet et de leur utilisation.

L'hétérostéréotype

Comme son nom l'indique, il s'agit d'un stéréotype appliqué aux membres d'un groupe auquel nous n'appartenons pas. Le mot générique de stéréotype que nous utilisons au quotidien qualifie cette forme. L'hétérostéréotype correspond, par exemple, à l'image qu'un homme se fait des femmes en général. Il est la forme la plus étudiée dans la littérature car c'est elle qui génère potentiellement des actes de discrimination. Donc l'enjeu de la réflexion sur les stéréotypes dans les entreprises a tendance, à tort, à réduire cette question aux seuls hétérostéréotypes. Mais s'ils sont plus intuitifs et si les effets qu'ils produisent sont plus faciles à identifier, ils ne sont pas les seuls à impacter négativement les dynamiques collectives.

L'ÉTUDE IMS

Le volet de l'étude en 2012 porte sur les stéréotypes croisés femmes/hommes. Quand on interroge les hommes managers, ils décrivent les femmes de la façon suivante : elles auraient une intelligence plus intuitive et créative que les hommes. Ensuite, ils nous expliquent que les femmes manquent de leadership et d'une capacité à prendre des décisions (évidemment puisqu'elles ne sont qu'intuitives...). En revanche, on leur reconnaît une capacité au travail en équipe et un grand sens de l'organisation. Elles sont perçues comme pointilleuses et ont le sens du détail. Enfin, et c'est le cœur du stéréotype, elles ont une grande capacité d'écoute. Elles sont bienveillantes et empathiques, elles savent comprendre les émotions des autres. En somme, les femmes dans l'entreprise sont perçues comme de bonnes exécutantes bienveillantes mais elles manquent d'un certain sens de l'action qui repose nécessairement sur une pensée logique et sur une capacité à prendre des initiatives et des décisions. La femme est donc une assistante !

L'autostéréotype

Il correspond à l'image que l'on se fait du groupe auquel on appartient. Cela reviendrait donc à demander à un homme : « D'après vous les hommes sont... ? » Ces autostéréotypes s'appliquent également à nous-mêmes au titre de représentants du groupe en question.

CE QU'EN DIT LA RECHERCHE

Les travaux en psychologie sociale montrent que les autostéréotypes sont toujours plus hétérogènes que les hétérostéréotypes. Cela signifie que l'on perçoit toujours plus de diversité au sein des groupes auxquels on appartient. Cela tient d'une part au fait que, dans la plupart des cas, nous sommes plus souvent en contact avec nos semblables qu'avec les autres. Mais ce phénomène se produit aussi concernant les hommes et les femmes. Si vous interrogez les hommes, ils vous disent : « Les femmes sont toutes les mêmes alors que nous, on est différents » et l'inverse pour les femmes. Cela montre que la référence à soi, quand on évoque un groupe d'appartenance, rend de façon mécanique ce groupe plus hétérogène. Ce biais appelé « effet d'homogénéisation de l'exogroupe » renforce encore un peu plus les stéréotypes par un phénomène d'assimilation (Scharnitzky, 1998).

L'étude des autostéréotypes est importante dans les entreprises car, bien évidemment, l'image que l'on a d'un groupe d'appartenance est tout à fait en phase avec l'image que l'on a de soi. De fait, si l'on appartient à un groupe qui est victime d'une image négative, cela peut se traduire par une faible estime de soi et une confiance en soi défaillante. Inversement, si on appartient à un groupe socialement très valorisé (par exemple les associés au sein d'un cabinet de conseil), cela peut donner lieu à des biais de surconfiance. Nous reviendrons plus loin sur les méfaits des autostéréotypes quant à l'image de soi positive ou négative.

L'ÉTUDE IMS...

Les femmes managers s'auto-décrivent quasiment dans les mêmes termes que ceux des hommes. Elles confirment qu'elles sont plus intuitives dans leur façon de penser, qu'elles sont organisées, pointilleuses et, surtout, qu'elles ont un sens aigu des relations humaines. C'est donc intéressant mais pas illogique de constater que les femmes n'infirment pas du tout le stéréotype plutôt négatif que les hommes ont d'elles, bien au contraire. Et les hommes ? Bien sûr, ils acceptent sans difficulté toutes les qualités qu'on leur attribue mais ils font de même avec les défauts. Ils acceptent l'idée qu'ils sont durs dans leur façon de manager, qu'ils ont plus de mal à déléguer ou encore qu'ils sont moins doués pour les relations humaines.

Le métastéréotype

C'est la forme la moins intuitive mais tout aussi impactante sur les relations professionnelles. Mesurer le métastéréotype revient par exemple à demander : « D'après vous Messieurs, quel stéréotype les femmes ont-elles de vous ? » et « D'après vous Mesdames, quel stéréotype les hommes ont-ils de vous ? » C'est une sorte de représentation du stéréotype que les autres ont du groupe auquel on appartient. Quand il est négatif, le métastéréotype peut être un frein aux relations professionnelles et à la capacité à se projeter. Comment, en effet, espérer qu'un collaborateur sollicite le RH sur un poste à pourvoir s'il est persuadé que celui-ci ne le croit pas capable de l'occuper ? Ce phénomène crée une forme dite « d'autocensure » sur laquelle nous reviendrons.

L'ÉTUDE IMS...

Dans cette même étude IMS, nous avons fait la démonstration que les femmes, comme les hommes, ont un métastéréotype plus faible que leurs autostéréotypes respectifs. En clair, cela signifie que les femmes sont persuadées que les hommes les sous-estiment par rapport à la valeur qu'elles pensent avoir et les hommes font exactement la même chose dans l'autre sens. Des deux côtés, il est clair qu'en dépit d'une bonne estime de soi dans les groupes respectifs, la communication entre femmes et hommes dans l'entreprise est parasitée par des métastéréotypes négatifs qui ne permettent pas un degré de confiance en soi suffisant pour fluidifier les relations. On reste sur des positions de méfiance quant au regard de l'autre.

Nous reverrons plus tard ces trois stéréotypes pour analyser plus amplement leurs méfaits sur la performance collective, mais il est clair, dans les exemples que nous venons de donner sur les stéréotypes femmes/hommes, qu'ils se construisent tous dans un même système culturel, ce qui explique la cohérence et la stabilité de leurs contenus. L'image que nous avons des autres conditionne l'image qu'ils ont d'eux-mêmes et l'image qu'ils imaginent que nous avons d'eux. Les trois niveaux se co-construisent, ce qui signifie que pour lutter efficacement contre les stéréotypes, il est nécessaire de déconstruire ces trois niveaux en même temps.

Le stéréotype n'est pas un préjugé (mais c'est un cousin proche)

Il est fréquent de faire la confusion entre stéréotype et préjugé. Le stéréotype n'est que la collection des informations stockées à propos des membres d'un groupe. On l'a vu, ces informations peuvent être de nature et de valeur différentes mais elles ne prédisent pas ce que l'on peut en faire. Le préjugé de son côté est un « jugement avant », ce qui implique une dimension évaluative explicite. Un préjugé est une attitude, c'est en quelque sorte une prédisposition à agir envers une personne sur la base du stéréotype. De fait le préjugé peut également être positif ou négatif mais jamais neutre, car il correspond à un jugement de valeur.

Et dans la pratique

Prenons le stéréotype selon lequel les Chinois sont introvertis. C'est une information neutre qui ne dit rien sur l'opinion envers les Chinois. Un manager pourra refuser une personne introvertie dans son équipe parce qu'il considère que celle-ci va se faire « manger » par les autres. Il associera l'introversion à un défaut et exprimera donc un préjugé négatif envers les Chinois. Un autre, au contraire, pourra considérer que ce serait une bonne chose d'intégrer une personne introvertie dans l'équipe car cela apaiserait tout le monde. Il associera donc une valeur positive au stéréotype et exprimera un préjugé positif à l'encontre des Chinois.

Stéréotype et préjugé sont en réalité des cousins proches et la distinction n'intéresse peut-être que les scientifiques et les traducteurs. En effet, il est malgré tout assez rare de mettre en évidence un stéréotype totalement neutre quand on compile l'ensemble des informations qui lui sont associées.

L'ÉTUDE IMS...

Dans le volet sur les origines, nous avons mesuré les stéréotypes exprimés par une population de mille quatre cents managers envers différentes minorités ethniques. Clairement, les Asiatiques constituent le groupe le mieux perçu dans l'entreprise. Sur un plan professionnel, on les décrit comme « travailleurs, efficaces, obéissants, discrets et respectueux ». Stéréotype qui a toutes les chances de donner lieu à une attitude positive dans une logique de recrutement ou de gestion de carrière, à condition que le poste ne soit pas incompatible dans son profilage avec ces qualités. À l'inverse, le stéréotype envers les Maghrébins est nettement plus négatif et on voit bien comment cela se traduit par des préjugés fortement excluants de la sphère professionnelle. Ce qui est intéressant, c'est le stéréotype exprimé envers les Noirs. Il est assez neutre car équilibré entre des éléments positifs et négatifs. On nous dit par exemple qu'ils sont paresseux mais « tellement sympathiques » ! Pour autant, cette neutralité aura du mal à se transférer à l'étape du préjugé car l'attitude renferme une dimension émotionnelle, donc irrationnelle, qui ne peut pas s'assimiler à un score moyen sur une échelle de stéréotypie. En clair, en dépit d'un stéréotype assez neutre du point de vue de la somme des éléments qui le composent, les Noirs font l'objet d'un préjugé plutôt négatif qui les pénalise dans la sphère professionnelle.

On comprend que le préjugé vient après le stéréotype dans la dynamique mentale. Le stéréotype est la liste des informations associées au groupe sur la base de laquelle nous élaborons une prédisposition à agir sous la forme d'une attitude.

Le stéréotype n'est pas une discrimination (mais c'est souvent son père)

Les publications sur la discrimination sont très nombreuses. Quasiment tous ces ouvrages analysent, contextualisent et catégorisent les actes de discriminations, mais peu décortiquent la mécanique mentale en amont de la discrimination et surtout le lien avec les stéréotypes (par exemple Scharnitzky, 2006 ; Doise, 2009 ; Mutabazi et Pierre, 2010 ; Edin et Hammouche, 2012). Pourtant la distinction entre stéréotype et discrimination est plus nette. Si le stéréotype est un ensemble d'informations et le préjugé la valeur qui lui est associée, la discrimination est toujours un passage à l'acte. Discriminer, c'est agir envers une personne ou un groupe de personnes sur la base d'un préjugé existant à l'égard de ce groupe. Cet acte peut être verbal ou comportemental. Faire une mauvaise blague à la machine à café envers un senior à cause de son audition est un acte de discrimination verbale. Lui refuser l'accès à une formation du fait de son âge est un acte de discrimination comportementale. Dans l'entreprise, la discrimination est « cadrée » à la fois par une liste de critères et par des champs d'application (recrutement, rémunération, accès à la formation...).

La discrimination est parfois totalement inconsciente quand elle relève d'un stéréotype qui s'active automatiquement, indépendamment de la volonté de la personne. Sans même le vouloir, il est possible qu'un stéréotype nous pousse à agir d'une façon discriminatoire, sans pour autant répondre d'un complot destiné à nuire à une personne ou à un groupe particulier.

Vécu personnel

Gérard est un consultant senior. Il doit staffer une équipe pour une mission de 3 mois en Pologne. Il sait que son meilleur élément pour cette mission est une femme qui a déjà une bonne connaissance du secteur dans lequel évolue son client. Mais il sait que cette femme a deux enfants de 5 ans et 18 mois et que son mari travaille autant qu'elle. Alors il s'interdit de lui proposer la mission, persuadé qu'elle ne pourra pas l'accepter. Sans volonté de nuire à cette femme, il commet un acte de discrimination car il s'appuie sur son stéréotype selon lequel les mères ne peuvent pas être disponibles pour ce genre de mission. Il n'attribue pas la mission sur deux critères interdits par le Code pénal (le sexe et le statut familial) et non pas sur une absence de compétence de la jeune femme.

Le résultat est pénalisant pour tout le monde. L'entreprise n'a pas staffé son meilleur élément pour cette mission, elle prend donc le risque d'un résultat non optimum. De son côté, la jeune femme est très déçue de voir que c'est un homme moins compétent qu'elle qui rafle la mission.

De plus, comme les évaluations, et donc les primes, sont indexées sur la durée et l'éloignement de la mission au-delà de la réussite qui en découle, elle est moins bien évaluée en fin d'année car ses missions ont rapporté moins de points. Cette femme peut éprouver un sentiment d'injustice, se désengager et finir par partir dans un environnement de travail moins stigmatisant. Dans cette histoire, on comprend que le stéréotype conduit à une discrimination de façon mécanique, sans réflexion ni prise de recul, mais sans non plus la volonté explicite de discriminer les femmes. Il aurait probablement fallu proposer prioritairement la mission à cette femme pour lui montrer qu'elle est le meilleur élément et lui laisser la possibilité de l'accepter, ou pas. Elle peut tout à fait avoir une solution qui ne regarde pas son manager pour s'organiser et accepter la mission. Et si elle la refuse, elle saura qu'on compte sur elle et trouvera sans doute une solution mieux anticipée pour la prochaine opportunité.

Il faut souligner que, si dans la plupart des cas, la trajectoire est toujours un stéréotype qui donne lieu à un préjugé qui, lui-même, se transforme en acte de discrimination, il existe des cas dans lesquels cette linéarité n'est pas nécessaire ou respectée. On peut, par exemple, imaginer un préjugé aversif ou phobique sur la base d'aucun stéréotype fortement ancré ou d'un stéréotype assez faible. Il arrive que nous développions une opinion irrationnelle envers les membres d'un groupe sans raison, sans expérience de ce groupe et sans même le connaître de près ou de loin. Dans ce cas, on aura un préjugé pouvant donner lieu à une forte discrimination, sans pour autant être en mesure de décrire un stéréotype. C'est le cas, par exemple, pour notre perception de certains handicaps mentaux ou psychiques.

Enfin, on peut aussi observer des situations de discrimination systémique qui ne se basent sur aucun préjugé ou stéréotype. C'est le cas des entreprises (et elles sont de moins en moins nombreuses à le faire) qui ont institué une règle plus ou moins explicite de réserver les stages d'été aux seuls enfants du personnel. Cela part d'une bonne intention, *a priori* gagnante pour tout le monde. Les salariés sont reconnaissants de ce geste et l'entreprise bénéficie de stagiaires appliqués à ne pas décevoir leurs parents. Mais techniquement, c'est une discrimination systémique indirecte sur le critère de l'origine car cela prive les enfants de milieu modeste dont les parents ne travaillent pas d'avoir un accès équitable à ces stages d'été. Pour autant, les instigateurs de cette discrimination systémique peuvent n'avoir aucun stéréotype négatif envers ces jeunes, et pas plus de stéréotypes positifs envers des adolescents dont les parents travaillent dans l'entreprise.

chapitre 2

D'où viennent les stéréotypes ?

La psychologie sociale repose sur le postulat que l'individu est le produit du système dans lequel il évolue et que celui-ci est construit par les individus qui le composent. Les stéréotypes s'inscrivent dans cette interaction individu-système. En effet, les stéréotypes sont la résultante de deux dynamiques indépendantes qui s'alimentent mutuellement. D'une part, ils sont la conséquence du fonctionnement normal de notre cerveau et, d'autre part, ils sont le produit de la culture à laquelle nous sommes exposés.

Des limites de notre cerveau

Le cerveau est une machine extraordinaire par la multiplicité des fonctions qu'il sait remplir, mais il est limité dans ses capacités à interagir avec le monde extérieur à un instant donné. La réalité dans laquelle nous évoluons est protéiforme. Elle nous soumet en permanence de nombreuses informations, souvent complexes et parfois contradictoires qu'il nous faudrait savoir traiter dans leur intégralité pour agir de façon rationnelle.

D'un point de vue purement sensoriel, elles nous parviennent de façon peu ordonnée au regard du poids que nous voudrions leur accorder. Elles sont très variables du point de vue de leur forme (un mot, une image, un son, une odeur...) et de leur origine. En outre, certains facteurs nous impactent de façon totalement inconsciente.

CE QU'EN DIT LA RECHERCHE

Une étude étonnante de S. Sczesny et D. Stahlberg (2002) montre que le parfum porté par un candidat lors d'un entretien de recrutement impacte de façon inconsciente son évaluation. On a demandé à des acteurs femmes et hommes de jouer le rôle d'un candidat dans trois conditions : pas de parfum, parfum masculin ou parfum féminin. Toutes choses égales par ailleurs, les résultats montrent que le candidat le mieux jugé est celui qui porte un parfum masculin, qu'il soit un homme ou une femme. Et le fait de ne pas porter de parfum est plus préjudiciable à la candidate qu'au candidat !

Lors d'un entretien, le recruteur est soumis à un exercice mental difficile. Sur la base d'un CV, il doit se forger une impression d'un candidat et rendre son verdict. Il doit compiler des centaines d'informations éparses, complexes, parfois contradictoires et les synthétiser en une décision parfois lourde de conséquences.

Juste avec le CV, on peut dire que ça commence bien mal pour notre recruteur. Le voilà gavé d'informations qui sont tout sauf des compétences, et qui vont polluer sa réflexion. Il lit ensuite toutes les autres informations du CV : la formation (diplômes, dates d'obtention, écoles...), les expériences (entreprises, types de contrat, durée des missions, tâches remplies...), les compétences annexes comme la pratique des langues ou la connaissance de l'informatique, puis il finit par toutes sortes d'informations que nous prétendons tous ignorer mais que notre cerveau prend bien en compte. Notre candidat pratique-t-il le football ou l'aviron ? Il aime le cinéma ! Très original. Il a voyagé (et tous les candidats pensent que plus ces voyages sont lointains, plus cela impressionne le recruteur...), et comme tout le monde, il nous dit qu'il a été membre d'une association humanitaire pendant ses études.

Et maintenant, le recruteur doit passer tout cela à la moulinette mais, bien sûr, il sait que certaines informations sont plus prépondérantes que d'autres pour sa prise de décision. L'école du candidat est plus importante que le sourire sur la photo. Ses stages sont plus pertinents que le fait qu'il aime le cinéma de Woody Allen. Sa bonne connaissance du secteur d'activité a plus de poids que le fait qu'il habite à moins de 10 minutes à pieds du siège. En tout cas, le recruteur en est persuadé et il fait tout pour qu'il en soit ainsi. Mais son cerveau, lui, ne fonctionne pas naturellement de cette façon. Le sourire du candidat, son goût pour Woody Allen (qu'il partage largement même s'il ne lui dit pas) et le fait de ne jamais subir de grève des transports pour venir travailler sont des informations qui peuvent bien plus influencer son choix qu'il ne le pense.

Puis notre candidat est reçu pour un entretien un soir vers 19 heures après sa journée de travail. Nous sommes lundi, notre recruteur est un peu enrhumé et il pleut. Pas de chance pour le candidat ! Pendant plus d'une heure, des centaines d'informations vont être échangées, et il serait naïf d'imaginer que l'opinion du recruteur sera seulement le produit d'une synthèse rationnelle fondée sur les informations collant avec le profil du poste. Le cerveau va devoir pendant une heure percevoir toutes ces informations, avec en mémoire le CV (qui lui-même était déjà chargé). Des informations parasites, *a priori* sans importance, vont venir brouiller les cartes : le costume du candidat, le cirage de ses chaussures, la fameuse poignée de main (tellement révélatrice pour certains recruteurs), sa façon de marcher, de s'asseoir, de croiser ou pas les jambes. Son regard, ses mimiques, sa voix, son phrasé, sa coiffure, sont autant de petits bruits qui empêchent une écoute neutre et attentive. Et du côté du recruteur, comment ignorer son état de fatigue, son rhume, les *slides* qu'il n'a pas fini de faire pour sa réunion du lendemain, et la dispute qu'il a eue le matin même avec sa conjointe et qui le culpabilise ? Et le contexte de la rencontre va aussi s'en mêler car le temps est déprimant, il est tard, le bureau est lugubre avec cette célèbre toile de Munch qui le stresse !

Comment le cerveau de notre pauvre recruteur peut-il faire ? Comment peut-il compiler toutes ces informations, les pondérer, les comparer et bâtir une image exacte et rationnelle du candidat ?

C'est simple, il ne peut pas. Le cerveau n'a, en effet, pas la capacité de percevoir, comprendre et mémoriser la réalité extérieure dans sa complexité et son exhaustivité. Il est obligé de mettre en place deux opérations : le tri et la simplification. Le tri consiste à choisir des informations au détriment d'autres qui seront écartées. Le problème est que ce tri n'est ni naïf ni aléatoire. Le cerveau peut évacuer, sans nous consulter, des informations qui soit le gênent, soit sont trop complexes à traiter.

La simplification consiste à réduire l'ensemble des informations dans une « pseudo-réalité » simplifiée, plus facile à comprendre et à mémoriser. Là encore, cette simplification respecte des règles qui ne sont pas forcément guidées par le bon sens mais par des enjeux affectifs que nous avons déjà évoqués : sentiment de contrôle, estime de soi ou encore absence de menace.

De quel outil majeur notre cerveau dispose-t-il pour simplifier les informations ? Il utilise la catégorisation (de La Haye,

1999). Ce mécanisme consiste à assimiler les informations perçues dans des catégories selon un principe de similitude. En clair, nous rangeons dans des boîtes des informations qui se ressemblent. Ces boîtes sont rangées dans notre cerveau à deux niveaux. D'une part, elles s'emboîtent comme des poupées russes allant des catégories les plus larges (par exemple les Européens) aux catégories les plus petites (les Parisiens). Entre les deux, un ensemble de boîtes de plus en plus petites nous permettent d'affiner des familles et d'y recourir en cas de besoin. Par exemple, on peut classer une personne comme étant européenne si on doit la comparer avec les Américains, ou comme étant parisienne par rapport aux banlieusards.

D'autre part, ces catégories se positionnent sur des critères distincts, formés chacun d'une myriade de poupées russes. On peut retrouver des catégories d'âge, de niveau social, d'origine ethnique, de profession, etc. Et il faut bien comprendre que la catégorisation est inhérente au fonctionnement de notre cerveau : elle se met en action à la seconde où le nourrisson est en interaction avec le monde extérieur.

Alors à quoi peuvent bien servir ces catégories ? Elles sont indispensables car elles nous simplifient la vie et nous font gagner une énergie et un temps précieux. Pour bien comprendre, prenons l'exemple des catégories d'objets physiques. Si je constate le matin qu'il pleut, je prends un parapluie. Cette décision, au demeurant très simple, est facilitée par la catégorisation. Notre cerveau ouvre la catégorie comportant toutes les informations adaptatives qu'il a accumulées en lien avec la pluie et l'usage du parapluie en fait partie. Sans la catégorisation, il devrait dépenser plus de temps et d'énergie pour trouver dans sa mémoire un exemple de comportement adapté.

Et dans la vraie vie

Imaginons que vous deviez retrouver dans votre ordinateur un fichier que vous n'avez pas ouvert depuis un bon moment. Tous vos fichiers sont en vrac sur votre disque dur et, pour tout compliquer, vous avez totalement oublié son nom. Pour le retrouver, il serait donc nécessaire d'ouvrir chaque fichier un à un avant de tomber sur le bon. Grâce à la catégorisation pyramidale et ses poupées russes, vous avez dans votre ordinateur des répertoires, dans lesquels il y a des sous-répertoires et ainsi de suite. Vous pouvez alors suivre la chaîne des répertoires et retrouver celui qui ne contient que cinq fichiers. Il ne reste plus qu'à consulter ceux-là pour trouver celui qui vous intéresse à coup sûr.

Il suffit d'ailleurs de fouiller les tiroirs de nos cuisines pour nous apercevoir que la catégorisation est omniprésente dans notre façon d'ordonner le monde et d'interagir avec lui de façon économique. Nous avons tous un tiroir dans lequel nos couverts sont rangés par famille dans des compartiments. Les fourchettes ensemble et les couteaux ensemble. On peut même aller jusqu'à les ranger par famille dans les casiers du lave-vaisselle ! Tout ça ne sert qu'à aller plus vite et à moindre effort quand on vide le lave-vaisselle ou quand on doit mettre la table.

En outre, notre cerveau est un « avare cognitif ». Cette formule, consacrée par les scientifiques, explique que notre cerveau est toujours en quête d'économie mentale, à la recherche du meilleur rapport coût/bénéfice. Comment dépenser le moins d'énergie possible pour un résultat optimum ?

Il va donc découper la réalité continue en catégories disjointes pour se simplifier la vie. Mais à part pour le sexe qui est constitué de deux groupes distincts et disjoints, tous les autres critères de catégorisation sont artificiels et totalement créés par notre cerveau par simple besoin de simplification. Par exemple toutes les couleurs de peau allant des plus claires aux plus sombres existent. Pourtant notre cerveau résume cette formidable hétérogénéité en deux grandes catégories : les Blancs et les Noirs. Barack Obama est un métis mais ses caractéristiques physiques négroïdes le catégorisent comme un « Black ». Grand ou petit, riche ou pauvre, intelligent ou non sont autant d'exemples qu'on pourrait donner pour illustrer le fait que, face à une réalité continue, le cerveau n'a d'autre choix pour se simplifier la vie que de la découper dans des catégories disjointes.

Une fois cette réalité saucissonnée, notre cerveau va devoir se convaincre que ces catégories respectent la réalité objective. Il va donc mettre en place deux stratégies. La première, pompeusement appelée « l'assimilation intra-catégorielle » consiste à surestimer le degré de ressemblance entre les membres d'un groupe. Cette illusion perceptive nous persuade de l'homogénéité des membres d'un groupe. Par exemple, on pense que les commerciaux ou les comptables sont des *clones* du point de vue de leur personnalité, de leurs compétences professionnelles et même dans leur façon de parler ou de s'habiller.

La seconde distorsion perceptive liée à la catégorisation est appelée le « contraste inter-catégoriel ». Cela consiste, automatiquement, à se persuader que la différence entre les groupes est plus importante qu'elle ne l'est en réalité. C'est une façon de mettre à distance tout ce qui n'est pas moi en accentuant les différences entre les groupes.

Vécu personnel

Esther arrive dans une grande banque pour un stage. Le premier matin, elle fait le tour de tous les services et on lui présente une trentaine de personnes. Chacune se présente avec son nom et son poste. Son cerveau ne peut pas mémoriser toutes ces informations, c'est bien trop. Elle va bien se souvenir de celui qui a un nom bizarre ou de celle qu'elle a trouvée particulièrement élégante mais pour le reste, ce sera bien difficile. Pourtant, elle va bien se construire une image de cette expérience peu agréable sur la base de sa mémoire. Le soir en rentrant chez elle, elle décrit sa journée et voilà ce qu'elle dit : « On m'a présenté tellement de gens ! C'est vraiment une boîte de mecs ! Quasiment pas de femmes mais toutes assez sympas. Par contre elles sont toutes RH. Quant aux hommes, que des Men in Black avec des tableurs Excel dans les yeux. » Au lieu de stocker soixante informations différentes (le sexe et le poste de chacun-e), ce qu'elle ne peut pas faire, son cerveau a simplifié la réalité en la ramenant à deux groupes : les hommes et les femmes. Ensuite les distorsions perceptives font leur travail. Les femmes sont mieux que les hommes, et leur nombre est sous-estimé et, surtout, les hommes sont assimilés les uns aux autres par la fonction et la tenue vestimentaire. La mécanique des stéréotypes est en marche.

Mais quel lien entre la catégorisation et le stéréotype ? Le cerveau catégorise à outrance et perçoit les groupes comme très homogènes et très différents les uns des autres. Le terrain est ainsi propice à l'émergence d'un système d'opinions qui va être attribué à chaque groupe : c'est le stéréotype. En d'autres termes, il est impossible d'empêcher notre cerveau de construire des stéréotypes car ils sont la conséquence logique et normale du phénomène de catégorisation et des distorsions qui l'accompagnent. Et ces stéréotypes vont devenir des outils d'interprétation de la réalité, créant un dispositif d'attentes dans les relations professionnelles.

En résumé, les stéréotypes proviennent avant tout d'une sorte de dysfonctionnement de notre cerveau qui comble ses limites par des outils simplificateurs de la réalité dans la perception des personnes.

Vécu personnel

Jérémy est un gestionnaire de carrière de 35 ans. Son stéréotype lui dit qu'à partir de 50 ans, on est moins motivé par son travail, on a moins envie de se former et on n'y connaît rien aux nouvelles technologies. Quand il reçoit Paul, 54 ans, pour son entretien annuel d'évaluation, il a ce schéma en tête avant même que la conversation ne démarre. Alors

son cerveau va enregistrer les propos de Paul en choisissant prioritairement ce qui est conforme à son stéréotype. Il lui semble un peu pâle, il
trouve que sa poignée de main manque de fermeté et que sa veste est
bien démodée. La conversation sera biaisée par son stéréotype si bien
qu'en toute bonne foi, il sera convaincu qu'il est inutile d'envoyer Paul
en formation et qu'il est préférable de ne pas l'intégrer dans une équipe
composée de « djeuns » avec lesquels il n'a rien en commun.

Mais il se trouve que j'ai rencontré Paul. Et il m'a ouvert les yeux sur les
stéréotypes envers les seniors, y compris les miens. Paul m'explique que
du haut de ses 54 ans, il pense ne jamais avoir été aussi performant de
toute sa carrière. Il m'explique que quand il avait 35-40 ans, il était dans
une période tourmentée. On lui mettait beaucoup de pression dans son
entreprise par rapport à son évolution de carrière. Et dans sa vie privée
pas mieux, la quarantaine c'est la période classique des séparations, des
crédits de maison et des études des enfants à financer. Il était, là aussi,
dans un environnement source de stress. Et Paul me dit de façon assez
directe : « Depuis que j'ai 50 ans je suis beaucoup plus détendu. Ma maison est payée, mes enfants sont casés, si ma femme avait dû me quitter
elle l'aurait déjà fait. Je pars au boulot sans avoir la fameuse boule au
ventre, car avec mon ancienneté et mon réseau, je sais que je ne suis pas
obligé de tout accepter de mes supérieurs, je sais comment refiler les mauvais dossiers, je ne tombe plus dans les pièges de la manipulation ou de
la délégation sauvage concernant les tâches les plus ingrates. Moralité, je
dors mieux, je suis moins stressé et je me sens bien plus performant dans
mon travail. La preuve, je me suis même mis au sport et le week-end j'ai
repris la musique avec de vieux potes de fac que j'avais perdus de vue. »

Quelle lucidité et quelle claque aux stéréotypes ! Il faut bien entendu
miser sur Paul. Son entreprise aurait bien tort de ne pas utiliser ce
potentiel, d'autant qu'il lui reste encore une bonne dizaine d'années
à travailler. Ça laisse le temps de le former et de le faire bouger sur
des postes où sa culture de l'entreprise, sa légitimité d'expert seraient
des atouts essentiels. Il a de l'énergie, de l'envie, il n'a plus d'enjeu
de carrière ou de reconnaissance et il est demandeur de nouveauté.

Des valeurs de la société

Les stéréotypes, s'ils ont une origine mentale liée au fonctionnement de notre psychologie, sont aussi confortés, encouragés et justifiés par les valeurs sociales qui composent une culture. Au sens large, la culture est un support de connaissances distillées pour donner un sentiment d'appartenance aux individus qui la partagent. Le ciment de ce partage se compose des normes explicites et implicites qui en régissent le fonctionnement.

Les normes explicites sont composées des lois, règlements intérieurs, chartes et autres codes de conduite. Ce sont tous les supports officiels qui définissent un cadre à l'intérieur duquel les comportements sont autorisés et donc non condamnables d'une façon ou d'une autre.

Mais la culture d'une société ne se limite pas aux lois et au cadre légal de ce qui est permis ou non. Elle s'appuie également, et pour une très large part, sur des normes implicites. Celles-ci ne sont consignées dans aucun texte mais tout le monde les connaît et attend qu'elles soient respectées. Ce respect de l'implicite est même un marqueur très fort du sentiment de partage et d'appartenance à une culture donnée. C'est le cas par exemple des codes vestimentaires. Chacun sait comment il peut ou ne peut pas s'habiller en toutes circonstances : le noir approprié pour les enterrements, la cravate pour les entretiens d'embauche, ou encore le chapeau qu'il faut enlever dans les églises mais conserver dans les synagogues. Le respect de ces normes implicites est acquis à la fois par des injonctions parentales et sociales (comme la politesse), et par des phénomènes d'imitation sociale (comme les règles de vouvoiement et de tutoiement). Alors bien sûr, ces normes n'ont de valeur qu'à l'échelle de la culture.

Et dans la vraie vie

D ans nos sociétés occidentales, une norme implicite très importante concerne le respect de notre espace personnel. Les transports en commun sont une bonne illustration de l'obsession que nous avons de préserver un territoire intime inviolable même pour quelques instants. Il suffit d'observer la façon dont les passagers du métro occupent l'espace d'une rame le matin au départ de la ligne. Ils savent parfaitement qu'au bout de deux stations, la rame sera bondée mais ils vont chercher à préserver leur espace ne serait-ce que pendant les trois minutes qui les séparent de l'invasion matinale de l'heure de pointe. Les gens s'installent aux quatre coins de la rame de métro, en occupant les banquettes en diagonale, pour surtout, ne pas se retrouver face à un ou une inconnue.

Et si une rame de métro est quasiment vide et qu'un inconnu vient s'asseoir juste à côté de nous alors qu'il y a de la place partout ailleurs, on se sent agacé, voire menacé, et on imagine qu'il y a une intention non avouable derrière cet élan de proximité. Certains se tiennent sur leurs gardes et d'autres changent carrément de place. La proximité physique est donc une norme réservée à un petit nombre d'intimes. Or, dans les cultures sud-américaines ou africaines, la proximité et le contact physique sont des normes de communication souvent perçues comme des signes de respect.

Les stéréotypes, formes de pensée de sens commun partagées à propos des groupes, font partie de ces normes implicites. Sans y réfléchir, on parle fort aux personnes âgées, on vouvoie les supérieurs hiérarchiques et on laisse passer « les dames d'abord ». Ces normes implicites sont entretenues par tous les supports culturels et médiatiques. Et la publicité est probablement le support le plus automatique et impactant dans la transmission des stéréotypes et ce pour deux raisons. D'une part la publicité sous toutes ses formes est omniprésente sans que nous ayons le sentiment d'y prêter attention. Et, comme cette exposition à la publicité est passive, on comprend à quel point elle peut nous influencer, pas seulement au niveau de l'inclination vers l'achat mais aussi au niveau de l'internalisation de normes stéréotypées. D'autre part, la publicité doit délivrer un message impactant de façon extrêmement rapide. Une affiche, un slogan ou un spot télévisé doivent faire mouche très vite. Les consommateurs que nous sommes doivent instantanément comprendre le message transmis. Et le meilleur moyen pour cela est d'utiliser les codes sociaux les plus partagés : les stéréotypes.

Et dans la vraie vie

Prenons l'exemple du stéréotype selon lequel les femmes conduisent moins bien que les hommes. Ce stéréotype très ancré dans la société est très résistant et entretenu en permanence par la publicité. On met en scène une jeune femme blonde qui n'y connaît rien en mécanique, une femme qui est aidée par le GPS, le système d'aide au créneau, etc. Avec une femme au volant « qui ne sait pas conduire », le message publicitaire est beaucoup plus convaincant. Il est rapide et facilement compréhensible car conforme au stéréotype. Le problème est que, de fait, ce message réinjecte le stéréotype dans les représentations et crée ainsi une circularité négative. Les stéréotypes génèrent une forme de publicité qui les entretient et donc les renforce, et ainsi de suite...

Pourtant Mesdames, il existe des données scientifiques qui contredisent ce stéréotype. Les études montrant que, de manière générale, les femmes ont moins d'accidents que les hommes — au point que certaines compagnies d'assurances offrent des tarifs préférentiels aux femmes — sont biaisées par le fait que les hommes et les femmes n'utilisent pas leur véhicule de la même façon. Le type de voiture, les trajets et la durée de conduite sont différents donc la comparaison manque de sens. En revanche, les statistiques des entreprises de transport en commun sont en mesure de comparer le risque accidentogène des conducteurs et des conductrices. Et pour des trajets équivalents en autobus, par exemple, on sait démontrer que les femmes ont moins d'accidents que les hommes. Donc, on a, d'un côté, une réalité qui fait la démonstration que le stéréotype selon lequel les femmes conduisent moins bien que les hommes est faux et, de l'autre, des supports culturels médiatiques qui utilisent et renforcent ce même stéréotype. On comprend alors le pouvoir de la culture dans l'existence des stéréotypes et la difficulté qui en découle de les combattre.

On pourrait consacrer une bonne centaine de pages à faire la démonstration du pouvoir de la culture et des médias dans l'émergence et la perpétuation des stéréotypes. Tous les groupes et tous les publics sont concernés. La façon dont l'homosexualité est parfois caricaturée dans les sketchs, le fait que les personnes obèses sont systématiquement associées à des défauts, la sexuation des jouets dans les catalogues de Noël et dans les allées des magasins, la couleur de peau ou la nationalité des personnages des séries TV, les fumeurs qui sont toujours des méchants et/ou des marginaux... Les stéréotypes sont construits dans et par la culture et c'est ce qui fait leur force. Et la mondialisation croissante de la culture est en train de leur donner une résistance grandissante qui dépasse les frontières.

Cela revient à démontrer que les différences parfois bien factuelles entre les groupes sont uniquement le produit de la construction sociale et qu'une cause anatomique, biologique ou génétique ne peut expliquer des différences d'aptitudes ou de comportements.

CE QU'EN DIT LA RECHERCHE

Une étude de K. Crowley et ses collègues (2001) montre ce phénomène de construction sociale des prédispositions des femmes et des hommes à des aptitudes différentes. On a observé comment des parents accompagnent leurs enfants pendant une visite au Palais de la Découverte à Paris et surtout, on a enregistré puis analysé la nature des conversations avec les filles *versus* les garçons.

On constate que les discussions sont davantage orientées vers des explications avec les garçons (29 % du corpus contre 9 % avec des filles) concernant le fonctionnement ou l'utilité des objets exposés. Inversement, les discussions avec les filles tournent beaucoup plus souvent sur les aspects descriptifs (volume, formes ou degré d'esthétique des objets). Pourtant, les verbatims ne révèlent pas que les garçons sont spontanément plus demandeurs d'explications que les filles !

Enfin, notons à quel point le conditionnement social agit tôt sur le développement mental des enfants et participe à l'émergence des catégories mentales et ainsi des stéréotypes. Le cerveau du nouveau-né se développe au regard des stimulations et des informations qui lui sont soumises. Et il n'a aucune raison de douter de la véracité de ces informations. Ainsi, des catégories sociales se constituent dans les premiers mois de la vie et deviennent quasiment indélébiles. On mesure ainsi le poids que peuvent par exemple représenter les normes véhiculées dans les dessins animés.

CE QU'EN DIT LA RECHERCHE

Une expérience étonnante de G. Levy et Haaf (1994) montre que des nourrissons de 10 mois ont déjà les facultés automatiques de préférentiellement associer des objets genrés masculins ou féminins à des femmes et à des hommes. Le quotidien familial auquel ils sont exposés est tellement sexué que leur cerveau fait des associations automatiques car il trouve naturellement plus logique d'associer des visages de femmes à des objets dits féminins (comme un sèche-cheveux) et des visages d'hommes à des objets dits masculins (comme un marteau).

Des normes de l'entreprise

L'entreprise est un modèle réduit de la société. C'est un système qui est régi par les mêmes règles (normes explicites et implicites), le plus souvent au diapason des normes sociales de la culture dans laquelle elle s'inscrit. Dans l'entreprise, on retrouve un règlement intérieur, des chartes et des codes qui garantissent un cadre explicite de bonne conduite, et aussi tous les codes implicites qui régulent la communication.

Mais, à la marge, l'entreprise peut créer ses propres normes implicites, en fonction des traditions, du secteur d'activité ou encore de la structure de la population qui la composent. Quand on arrive dans une entreprise, c'est bien plus difficile d'intégrer les normes implicites que de comprendre les règles de vie explicites.

Par exemple, on connaît très vite les horaires officiels de travail mais on met du temps à assimiler la signification accordée implicitement à la présence sur le lieu de travail. Le présentéisme est, en France, une norme implicite à la fois très ancrée et très respectée au point de donner lieu à des non-sens. On démontre son implication et son dévouement à l'entreprise par le nombre d'heures que l'on passe chaque jour sur son lieu de travail.

« Ah tu prends ton après-midi » est la mauvaise blague qu'un manager subit quand il quitte son lieu de travail à 18 heures. Il faut travailler tard et surtout montrer qu'on travaille tard. Alors à partir de 16 heures, les portes des bureaux s'ouvrent pour que tous ceux qui passent dans le couloir puissent bien constater que Machin est toujours là. Un bon chef est celui qui arrive avant tout le monde et qui repart après tout le monde ! Voilà un stéréotype très répandu et si peu lié à la performance réelle. Car certaines cultures, par exemple scandinaves, font l'interprétation inverse. Puisque Machin est encore au travail à 19 h 30, c'est la preuve qu'il n'est pas très efficace ou très mal organisé !

Vécu personnel

Un cadre me confie à la sortie d'une formation que certains de ses collègues (mais pas lui bien sûr) vont jusqu'à consacrer leur temps de travail entre 14 heures et 16 heures pour toutes sortes d'activité sauf travailler. Mais pourquoi ? Mais parce que s'ils travaillaient normalement, ils auraient fini à 18 heures, ce qui ne serait pas acceptable ! En se remettant réellement au travail vers 16 heures, on finit du coup à 20 heures et on est perçu comme compétent et impliqué. Ce cas est un peu caricatural mais il traduit bien cette obsession pour le présentéisme : norme parfois aberrante, totalement implicite mais tellement respectée dans le contexte professionnel !

L'entreprise entretient aussi des stéréotypes par des codes langagiers, les mots étant souvent très révélateurs de l'état des mentalités. Pour faire bouger les mentalités, il faut commencer par changer les mots et les rendre conformes à la réalité.

Tiens, voilà une bonne façon de briller lors d'un dîner : tout le monde sait qu'un homme qui n'aime pas les femmes est un misogyne. Mais comment qualifie-t-on une femme qui n'aime pas les hommes ? Je vous laisse chercher et je vous donne la réponse un peu plus loin...

La non-féminisation des mots est souvent révélatrice d'une résistance forte à l'évolution des mentalités, et parfois de la part des femmes elles-mêmes. Même si la règle grammaticale (pensée par des hommes) est que « le masculin l'emporte sur le féminin », on comprend bien que son usage abusif peut rendre le langage très sexué et peut devenir une source d'exclusion dans la façon de parler. Il est d'ailleurs intéressant de noter que la non-féminisation des titres et des postes dans les entreprises est proportionnelle au rang dans l'entreprise. Plus on monte dans la pyramide, moins les titres sont facilement féminisés. On voit apparaître des « directrices » mais c'est négativement connoté. Mais si on continue à ne pas banaliser le mot, on l'enferme dans cette connotation. C'est un cercle vicieux ! Alors, il faut utiliser ce mot indépendamment de sa connotation subjective actuelle. Combien ai-je de cartes de visite dans mon tiroir de Martine ou d'Isabelle qui se présentent comme « directeur des ressources humaines » ! Pas besoin d'être un grand psychologue pour comprendre qu'à terme, ces normes masculines du langage nous persuadent, inconsciemment, que les postes de direction sont réservés aux hommes.

Il faut même inventer des mots, c'est ainsi que la langue française évolue comme elle l'a toujours fait. On voit de plus en plus de « chefFE » de service. Voilà une bonne idée. Plus il sera utilisé, plus vite il sera banal et deviendra un vrai mot.

Le fait pour une femme de ne pas aimer les hommes s'appelle la misandrie. Si on n'a pas fait de grec, on ne connaît pas ce mot pour une raison simple : sa non-existence dans le langage courant à la différence de celui de misogynie. Or les linguistes vous diraient que quand un mot n'existe pas socialement, c'est que le concept n'existe pas ! C'est excessif mais pas faux. La société actuelle est-elle capable d'accepter qu'une femme puisse ne pas aimer les hommes au même titre qu'un homme peut détester les femmes ? Pas sûr...

D'un emboîtement bien malheureux

Alors si l'on résume, l'origine des stéréotypes est double. D'un côté, notre cerveau limité qui est obligé de simplifier les informations qui lui parviennent en catégorisant le monde. Il associe à ces catégories des stéréotypes qu'il utilise ensuite de façon abusive si on lui abandonne le pouvoir. D'un autre côté, la société qui a besoin de stabilité et préfère toujours s'appuyer sur des croyances, des traditions et des habitudes pour fonctionner et faire adhérer le plus grand nombre. Les stéréotypes sont sans cesse exploités et donc renforcés.

Nous voilà dans une situation bien compliquée. Mais le pire est à venir. Il serait naïf de penser que ces deux causes sont indépendantes et simplement concomitantes. Elles sont au contraire en parfaite corrélation car elles se nourrissent mutuellement. Notre cerveau cherche toujours la simplicité, la solution rapide et économique et la culture ont besoin d'être validées et acceptées par tous et très vite. Chaque partie trouve donc son compte dans cette histoire. Le cerveau a besoin des stéréotypes de la culture, et celle-ci s'appuie sur les faiblesses de notre cerveau pour exister et se perpétuer. Tout est donc pour le mieux dans le meilleur des mondes. Sauf pour ceux qui sont victimes de stéréotypes négatifs ! Mais comment faire évoluer les choses ?

Solution 1 : on enseigne aux gens le fonctionnement de leur cerveau, on leur donne les moyens de comprendre que leurs stéréotypes sont souvent faux et qu'ils ne doivent pas les utiliser mais on prend le risque de les déconnecter des valeurs de la société. Par exemple, on laisse la petite fille jouer avec les petites voitures de son frère. Ou inversement, on laisse son fils jouer à la poupée (c'est plus rare !). Mais c'est long et compliqué et surtout, cet enfant peut devenir la risée de ses copains et copines au point de le faire renoncer.

Vécu personnel

Lors d'une formation, un participant a parfaitement résumé la difficulté et le temps qu'il faut pour faire évoluer les pratiques. Il m'explique que son père a toujours refusé de lui acheter une poussette pour les poupées parce qu'il considérait que c'était un jouet « de fille ». Il me dit que trouvant cela idiot, il s'est autorisé, maintenant qu'il est un père émancipé, à acheter à son fils la fameuse poussette.

Mais un dimanche matin, son fils lui demande s'il peut l'accompagner au marché avec sa poussette garnie de son baigneur. Et là, le papa moderne est bien obligé de constater qu'il n'est pas prêt ! Il prétexte que ce ne sera pas pratique et refuse. Très humble et lucide lors de son récit, il me dit qu'il espère fortement que son fils, dans vingt ans, autorisera le sien à le faire. Il faudra donc trois générations pour permettre à un petit garçon de jouer « comme une fille ».

Être en rupture avec les stéréotypes, c'est potentiellement se mettre en marge de la société, apparaître comme un décalé, voire un marginal. La pression est parfois tellement forte que nous préférons, malgré nous, renoncer car l'enjeu d'appartenance sociale l'emporte souvent. Dans l'entreprise, c'est le cas du manager qui n'ose pas prendre ses quatorze jours de congé paternité, du directeur qui ne peut pas renoncer au costume gris, du recruteur qui ne s'autorise pas à chasser sur les terres méconnues et obscures de l'université, du gestionnaire de carrière qui placardise les seniors, ou encore des femmes qui ne se projettent pas dans des carrières habituellement réservées aux hommes. Faire changer les mentalités sans toucher à la culture de l'entreprise est une solution vaine.

Solution 2 : on modifie la culture en supprimant les stéréotypes qui la construisent afin que les salariés, quels qu'ils soient, puissent s'y identifier. On travaille sur les normes, les valeurs transversales (qui sont souvent toutes les mêmes et souvent très masculines), on crée des dispositifs permettant de faire évoluer les pratiques.

Le handicap est, à ce titre, un bon exemple. Les entreprises ont compris, surtout depuis 2005, l'intérêt, souvent confiné à des enjeux financiers, de s'ouvrir au handicap. On crée une mission handicap (sans forcément bien la penser d'ailleurs), on passe des partenariats avec des associations d'insertion de personnes en situation de handicap, on forme les RH à l'accueil de personnes en situation de handicap et, bien sûr, comme toujours, on se fixe des objectifs quantitatifs à atteindre.

Mais les stéréotypes sont robustes. Les managers ne sont pas bien formés, méconnaissent la multitude de situations de handicap possibles et réduisent le handicap au fauteuil roulant. « Chez nous on ne recrute pas de personnes en situation de handicap car les bureaux ne sont pas accessibles. » Ce que ce manager ne sait pas, c'est que le fauteuil roulant ne concerne que 2 % des personnes ayant une reconnaissance en qualité de travailleur handicapé (RQTH). Profitons-en pour dire à ce manager que seulement 3 % des personnes titulaires d'une RQTH pour déficience visuelle sont aveugles et que cette proportion est quasiment la même pour le déficit auditif. Expliquons-lui aussi que le handicap, c'est aussi l'asthme, le diabète, ou encore une allergie. Les stéréotypes envers les personnes handicapées en entreprise sont tenaces et reposent à la fois sur une méconnaissance profonde du handicap mais aussi sur une volonté, inconsciente, de maintenir le handicap à distance. En effet, comme le handicap est perçu dans ses expressions les plus extrêmes (cécité, handicap moteur profond...), il fait peur. Et cette phobie génère un rejet quasi mécanique.

L'ÉTUDE IMS...

Le volet sur le handicap (2011) confirme très bien ces propos. Les personnes handicapées sont perçues à travers deux dimensions : d'un côté, et sur un versant très positif, on trouve que les salariés en situation de handicap sont sympathiques et très volontaires, on nous explique qu'ils méritent le respect tellement ils sont combatifs, courageux de faire face à leur handicap. Mais dans le même temps, on nous dit qu'ils sont moins facilement employables que les autres, plus lents et moins efficaces. On les aime bien mais pas dans l'entreprise ! En outre, les résultats montrent que cette mise à distance du handicap par un stéréotype négatif est d'autant plus

> forte chez les managers les plus diplômés. Cette corrélation est
> intéressante. Plus on se sent loin du handicap par son parcours et
> surtout par le schéma guerrier qui est celui qui nous construit, plus
> on met le handicap psychique à distance car il devient vraiment
> incompréhensible, ingérable et terriblement anxiogène.

L'entreprise peut déployer tous les process les plus efficaces pour faire rentrer la diversité dans l'entreprise, elle peut faire évoluer la culture, les valeurs, les règles de vie à coup de chartes, de codes de déontologie ou de labels, faire changer la culture sans toucher aux mentalités est également une solution vaine.

Alors que faire ? Si la culture et les stéréotypes s'alimentent mutuellement et qu'il est vain de faire évoluer l'un sans l'autre, il est évident qu'il est nécessaire de mener, de concert, ces deux actions. L'entreprise qui veut manager la diversité de façon efficace doit à la fois réformer ses process, faire évoluer ses valeurs et sensibiliser ses acteurs aux stéréotypes afin de faire changer les mentalités. Ces trois actions combinées peuvent enclencher un cercle vertueux. Nous verrons dans la troisième partie de ce livre comment cela est possible.

chapitre 3

Comment fonctionnent les stéréotypes ?

Ils sont automatiques et prennent le pouvoir si on les laisse faire

Revenons sur la distinction que nous faisions au début de ce livre entre la pensée scientifique (exacte mais potentiellement menaçante) et la pensée de sens commun (potentiellement inexacte mais rassurante). Appliquée à la façon dont nous nous formons une impression à propos d'une personne qui nous est inconnue, cette opposition peut se décrire de la façon suivante. D'un côté nous disposons d'informations personnelles sur cette personne (sa personnalité, son histoire de vie...). Il s'agit d'informations factuelles mais nombreuses, complexes et parfois contradictoires donc difficiles à compiler. D'un autre côté, cette personne présente des caractéristiques qui activent des stéréotypes (son âge, son sexe...). Il s'agit d'informations catégorielles, donc potentiellement inexactes sur les interprétations que nous en tirons (« c'est une femme donc... » ; « il a 54 ans donc... »), mais faciles à percevoir et à comprendre.

Ces deux types d'informations peuvent-ils se combiner ? Comment alors le stéréotype risque-t-il de s'imposer ? Cela dépend-il d'un choix que nous faisons ?

Les travaux en psychologie sociale portant sur les mécanismes mentaux de la formation d'impression nous expliquent comment cela fonctionne (Fiske et Neuberg, 1990). Il semble infaisable de fonder son impression exclusivement soit sur les informations individuelles, soit sur le stéréotype. Évaluer une personne seulement sur la base de ses caractéristiques personnelles reviendrait à penser qu'il est possible de faire totalement abstraction des stéréotypes qui peuvent s'activer à son égard. Or ce n'est pas le cas. L'âge, le sexe, la couleur de la peau sont des marqueurs tellement visibles et immédiats que notre cerveau ne peut pas en faire abstraction.

À l'inverse, il est déraisonnable d'imaginer que nous pouvons fonder une impression de cette personne sur l'unique recours aux stéréotypes. Car il s'agit d'un être humain unique et la rencontre entre deux personnes fait toujours émerger une dimension émotionnelle qui nous échappe. Cette personne peut susciter en nous une sensation positive ou négative impossible à expliquer. Le regard, les expressions non verbales, les attitudes, les jeux de ressemblance, de mimétisme et d'identification sont autant de paramètres subjectifs et inconscients qui nous empêchent de faire totalement abstraction des composants propres à cette personne. Donc, l'opinion est toujours la combinaison de ces deux sources d'information. Mais le dosage peut être très variable d'une situation à l'autre et surtout, le recours à ces deux sources d'information est différent puisqu'elles possèdent des modalités d'activation distinctes.

D'une part, le stéréotype s'active en premier lieu et de façon automatique. Cela lui donne de l'avance dans la confrontation qui va l'opposer aux informations personnelles. À la seconde où la personne apparaît, nous ne pouvons empêcher notre cerveau d'enclencher l'activation d'un ou plusieurs stéréotypes. Car nous ne décidons pas de solliciter nos stéréotypes pour nous donner des indications à propos des membres d'un groupe, c'est notre cerveau qui, tout seul, décide de vous envoyer des informations qui vont influencer notre perception de cette personne.

Et dans la vraie vie

Les stéréotypes fonctionnent un peu comme les pop-ups sur Internet. Vous surfez sur Internet à la recherche d'un lieu de villégiature pour vos prochaines vacances. Vous arrivez sur une page qui vous intéresse et un pop-up vient immédiatement cacher la zone de lecture. Vous devez alors le « décliquer » pour retrouver l'information initiale. La publicité s'affiche automatiquement, mais vous devez agir pour la faire disparaître. De la même façon, le stéréotype s'impose à votre cerveau, mais le fait de le contourner répond d'un acte volontaire.

Être exposé à un stéréotype est un automatisme qui répond d'une activation incontrôlée et non d'une prise de décision consciente. En revanche, y renoncer est un choix volontaire que nous devons faire en y mettant les efforts nécessaires.

D'autre part, la prise en compte des informations personnelles est une démarche active (des questions, des raisonnements...) destinée à compiler des renseignements diagnostics sur la personne. On comprend que le recours à l'un et l'autre type d'information repose sur des mécanismes mentaux totalement différents.

Imaginons que je sois recruteur. Je reçois en entretien un homme pour un poste de programmateur informatique. À peine arrivé, je constate son âge. Et alors qu'il me parle, une lampe rouge faisant clignoter le mot « senior » s'allume dans ma tête. Dès lors, ce stéréotype m'encombre et je n'arrive plus à écouter le candidat autrement qu'à travers le filtre de son âge. Et mon stéréotype me souffle que les seniors ne sont pas doués pour les nouvelles technologies. De fait, s'il me décrit une expérience qu'il a vécue en entreprise, je me demande s'il me dit la vérité. Je peux aussi me persuader qu'il n'arrivera pas, à son âge, à se fondre dans un nouvel environnement technologique car nous utilisons un système informatique très récent, et à son âge, cela vaut-il la peine de le former ? En outre, je me convaincs qu'il aura du mal à collaborer avec de jeunes Y fraîchement sorties de l'école !

Deux cas de figure possibles

1. Je n'ai pas conscience de mon stéréotype envers les seniors et/ou je me laisse aller à l'utiliser et je suis capable, très vite, de me former une impression sur cette personne, sans le moindre effort. De fait, le stéréotype me rend un double service. Il représente une forte économie mentale et il me permet de me positionnement rapidement face à cette personne. Je suis alors efficace et rassuré car je sais (ou je pense savoir) comment me comporter face à cet inconnu. Mais le danger d'une telle stratégie est une forte prise de risque quant à l'exactitude de mon jugement car je n'ai aucune preuve que ce candidat est bien conforme à mon stéréotype. Il s'agit donc d'un choix utile mentalement mais potentiellement nuisible pour tout le monde : je ne le recrute pas, et dans le même temps, je passe à côté d'un collaborateur potentiellement talentueux.

2. Je connais le stéréotype envers les seniors mais je décide de ne pas en tenir compte. Tout en l'écoutant, je me concentre sur ce que le candidat me dit, je le relance pour lui demander plus d'explications et de justifications, tout en maintenant mon stéréotype à distance qui, de son côté, fait tout pour me pousser à l'utiliser. Je lui demande comment il envisage le travaille avec de très jeunes collaborateurs, je me renseigne sur sa connaissance des nouveaux systèmes et sur son appétence à se former si nécessaire. Mais cette stratégie est très coûteuse en temps et en énergie mentale car elle me demande un double effort. Il faut d'une part combiner toutes les informations personnelles que j'accumule sur ce candidat en donnant une pondération variable à chacune d'entre elles. Et d'autre part, il faut faire l'effort de lutter contre la tentation de recourir à la solution magique du stéréotype. En revanche, je minimise ainsi le risque d'erreur en fondant mon impression sur des informations personnelles, donc plus exactes à propos du candidat. Par opposition au premier cas de figure, il s'agit donc d'une stratégie efficace, mais consommatrice sur un plan mental. Si je ne recrute pas le candidat c'est parce que j'ai la preuve qu'il n'a pas les compétences adéquates. Je fais donc un choix optimum pour mon entreprise.

Les deux scénarios ont donc des avantages et des inconvénients qui rejoignent la pensée scientifique (exactitude mais effort important) et la pensée de sens commun (inexactitude mais effort faible). Il existe une quantité importante de facteurs capables de faire pencher la balance d'un côté ou de l'autre dans toute situation d'évaluation. Nous les reverrons au chapitre 12 car ils permettent de comprendre comment il est possible d'empêcher les stéréotypes de polluer nos opinions.

On l'a déjà dit, le travail en entreprise nous pousse à agir vite, nous surcharge mentalement, nous épuise physiquement et met notre cerveau à rude épreuve. Toute opportunité d'utiliser des raccourcis de pensée ou des outils nous permettant de nous préserver est la bienvenue et le stéréotype en est l'outil idéal. Ce gain de temps et d'énergie se retrouve à toutes les étapes du recrutement, du profilage du poste à l'entretien de recrutement, en passant par le tri CV. Plus les stéréotypes sont actifs, plus le système est rapide et économique. Mais dans le même temps, l'entreprise prend ainsi le risque de se tromper, ce qui représente, à plus long terme, un coût potentiellement bien plus important.

Ils sont inconscients au point de « nous agir »

Malheureusement, l'automatisme des stéréotypes ne se limite pas à leur simple activation. S'ils biaisent les informations extérieures qui nous parviennent, ils ont aussi la capacité de prendre le pouvoir au point de nous faire agir ou de nous « agir » à notre insu. Leur impact est parfois tellement imperceptible qu'ils peuvent nous conduire à des opinions ou des actes sans que nous soyons en mesure de soupçonner leur influence.

Vécu personnel

Avec mes étudiants, j'ai l'habitude de faire un exercice de mise en situation pour leur démontrer l'impact inconscient des stéréotypes sur les actes. Je choisis deux étudiants auxquels je vais demander d'improviser une scène. Le premier sera une vieille dame de 83 ans qui rentre de ses courses au marché. Le second est un jeune cadre dynamique qui part à un entretien de recrutement. Il a oublié sa montre et il accoste la vieille dame pour lui demander l'heure. Quasiment à chaque fois, les autres étudiants témoignent du fait que le jeune cadre a posé la question en parlant fort, lentement, en articulant bien et en montrant son poignet pour mimer la montre. Et quasiment à chaque fois, l'étudiant qui a joué ce rôle se défend en disant qu'il ne s'en est pas du tout rendu compte.

Quand il voit la prétendue vieille dame, une lampe rouge s'allume dans son cerveau : « Attention, elle est vieille donc sourde ! » Sans même s'en rendre compte, il adapte son comportement. Il est « agi » par son stéréotype de façon totalement inconsciente.

L'activation automatique des stéréotypes peut donc nous agir, nous amener à nous comporter inconsciemment d'une façon inexacte, ce qui peut avoir des conséquences fâcheuses. Soit le stéréotype se révèle opportun et notre comportement est de fait adapté à la personne (la vieille dame de notre exemple a des problèmes d'audition) ; le stéréotype est alors un outil efficace et économique. Soit le stéréotype est faux (cette personne âgée entend très bien) et dans ce cas il est utilisé de façon abusive car appliqué à une personne qui n'est pas représentative du groupe auquel elle appartient. Dans ce dernier cas de figure, le stéréotype devient automatiquement et sans aucune intention malveillante un acte de discrimination.

L'impact inconscient des stéréotypes sur les comportements a été maintes fois démontré dans des recherches assez inventives de psychologie sociale. L'objectif de ces recherches est triple. D'une part, il s'agit de faire la preuve de l'activation automatique et primaire des stéréotypes ; d'autre part, elles permettent de mettre en évidence que les stéréotypes se manifestent autant si ce n'est davantage à travers nos comportements non verbaux que dans nos propos ; et enfin, elles ont permis de mettre au point des outils de mesure implicite des stéréotypes existant réellement envers certains groupes stigmatisés, contournant ainsi les stratégies de correction sociale. Ces recherches reposent sur le principe de l'amorçage. Cette technique consiste à mesurer l'impact inconscient d'un premier stimulus activant un stéréotype, sur un propos, une opinion ou un comportement subséquent. L'idée est de mettre des personnes dans une situation où il est possible de déclencher une réaction sur la base d'un stéréotype qui les « agit » de façon inconsciente. Ainsi, on démontre bien que les stéréotypes sont agissants sur nos actes et les effets de ces études sont parfois stupéfiants.

CE QU'EN DIT LA RECHERCHE

Dans une étude célèbre menée par John Bargh et son équipe (1996), on invite des sujets à participer à un prétendu exercice de reconnaissance lexicale. Des mots sont à remettre dans un certain ordre pour former une phrase. La moitié des sujets ont des mots qui ont un rapport avec la vieillesse (« rides », « gris », « vieux »), les autres ont des mots neutres. Puis on demande aux participants de quitter la pièce pour se diriger vers les ascenseurs. Mais ils ne savent pas qu'on chronomètre le temps qu'ils mettent pour aller d'un point A à un point B. Les résultats montrent qu'ils sont plus lents quand, au préalable, on a activé leur stéréotype existant envers les personnes âgées.

On obtient le même type de résultat concernant les aptitudes intellectuelles dans une étude encore plus surprenante. On demande à des étudiants de s'imaginer soit la journée typique d'un professeur (groupe 1), soit celle d'un hooligan (groupe 2). Tout de suite après, on leur soumet soixante questions du jeu *Trivial Pursuit*. Alors qu'ils sont tous de la même université, dans la même filière et à peu près tous du même âge, les étudiants du groupe 1 sont plus performants que les autres. Le fait de penser à un professeur les met dans des dispositions intellectuelles meilleures car cela fait partie du stéréotype envers ce groupe, à la différence des hooligans.

Au-delà de l'impact sur l'activité motrice ou sur les compétences intellectuelles, on retrouve ce même phénomène sur la mémoire ou encore sur les relations sociales. Si l'on active, par

© Groupe Eyrolles

exemple, un stéréotype négatif envers une minorité ethnique, on déclenche dans les minutes qui suivent des comportements hostiles. La répétition et la robustesse des résultats issus de toutes ces études depuis une vingtaine d'années montrent à quel point le stéréotype s'active automatiquement et peut fortement influencer nos gestes, nos fonctions cognitives et nos opinions.

Comment cela peut-il se traduire à l'échelle de l'entreprise ? Si dans ces expériences en laboratoire, l'activation des stéréotypes est ponctuelle et ne provoque que des effets non durables, que penser des messages permanents et partagés par la culture d'une entreprise ? Il est bien évident que plus les stéréotypes sont répandus et normalisés, plus ils déclenchent, inconsciemment, toutes sortes de comportements automatiques qui ne font que les renforcer perpétuellement. L'absence de personnes en situation de handicap nous empêche d'imaginer qu'il est possible de recruter un vendeur victime d'une déficience auditive. L'affectation des minorités ethniques à des fonctions peu qualifiantes nous interdit de penser à Saïd pour le poste de DRH. Ou encore, la sexuation des rôles nous conditionne à avoir le réflexe de demander à notre unique collègue femme si elle veut bien s'occuper d'aller acheter le cadeau de départ en retraite du boss. Tous ces « conditionnements » du quotidien sont autant de déclencheurs de nos comportements stéréotypés qui nous font agir dans leur sens, entretenant ainsi un cercle vicieux dont il est très difficile de sortir.

Vécu personnel

Lors d'un atelier sur l'impact de la mixité dans les équipes, nous constituons avec mon collègue Pete Stone un groupe de trois hommes et une femme. Le groupe est chargé de construire une tour avec des épingles et des pailles. Celle-ci doit être solide, haute et jolie. À peine le groupe a-t-il commencé à travailler que les hommes dessinent déjà des plans et que l'un d'eux s'adresse à la jeune femme en lui disant : « Toi, tu t'occupes de l'aspect esthétique ! » Voilà une forme d'amorçage institutionnel et culturel qui à la fois déclenche des stéréotypes automatiques et qui, par là même les entretient.

Les comportements non verbaux

Ces études sont étonnantes car elles démontrent le pouvoir de l'activation automatique sur nos comportements. Pire, elles démontrent que cette influence se traduit essentiellement par nos gestes. Or la communication non verbale est très impactante sur les relations professionnelles puisqu'elle est souvent révélatrice de nos émotions et de nos intentions inconscientes. En effet, si nous savons, à peu près, maîtriser le sens des mots que nous employons (à quelques lapsus près), nous sommes bien incapables de donner du sens à nos gestes et à ceux des autres. De fait, nous exerçons un contrôle beaucoup plus faible sur tous nos actes non verbaux alors même qu'ils peuvent largement nous trahir.

Nos gestes deviennent donc des vecteurs de transmission préférentiels de nos stéréotypes inconscients et illustrent ainsi à quel point ils peuvent nous agir indépendamment de notre contrôle. On considère habituellement que, lors d'une conversation face à face, jusqu'à 70 % des messages que nous envoyons à notre interlocuteur passent par le corps, nos gestes et les expressions de notre visage. L'entretien de recrutement, l'entretien annuel d'évaluation, les discussions de couloir, les réunions, sont autant de situations formelles ou informelles au cours desquelles nous risquons de laisser nos stéréotypes influencer nos gestes et envoyer des messages inconscients qui sont bel et bien le reflet de nos opinions.

Dans cette communication non verbale, il y a, par exemple, la proxémique et la localisation. Cela concerne à la fois la place que nous occupons dans un espace donné, et la distance que nous mettons entre notre corps et celui de nos interlocuteurs. Culturellement, nous nous protégeons des autres par une zone invisible d'intimité qui n'est rendue accessible qu'aux personnes auxquelles nous accordons notre crédit, notre confiance ou notre affection. De fait, la distance mise avec nos collègues peut être révélatrice de nos stéréotypes.

CE QU'EN DIT LA RECHERCHE

Une étude menée par C. O. Word et ses collègues (1974) montre que lors d'une simulation d'entretien d'embauche, des participants blancs jouant un rôle de recruteur et devant respecter un scénario préétabli dans les questions à poser s'installent spontanément plus loin d'un candidat noir que d'un candidat blanc. Leur stéréotype négatif envers le candidat noir ne pouvant s'exprimer par les mots, passe par une mise à distance physique du candidat, révélatrice de leur état de tension ou de leur posture négative. On observe aussi moins de contacts visuels avec le candidat noir et un buste davantage incliné vers l'arrière, ce qui est l'expression d'un manque d'intérêt pour ses propos.

Plus intéressant, quand on inverse la mesure et qu'on forme un acteur à se comporter positivement ou négativement de façon non verbale, on constate que la performance du candidat est impactée. Sans le savoir, candidat et recruteur s'échangent des messages non verbaux qui conditionnent les performances de l'un et de l'autre.

Autre catégorie : les expressions du visage. Les grimaces, les saccades oculaires, les mouvements de notre bouche, de nos sourcils, les plis sur le front, la dilatation de nos narines sont autant de marqueurs de nos émotions, de nos réactions face à notre interlocuteur et de nos stéréotypes. Un stéréotype peut, à notre insu, nous détourner du regard d'un candidat envers lequel nous avons un *a priori* négatif. Et les messages que nous envoyons malgré nous de cette façon ne sont pas plus conscientisés par notre interlocuteur, mais pourtant bien enregistrés. Celui-ci est affecté par nos gestes et produit une réponse en retour qui, elle-même, peut nous influencer. Il existe, au-delà des mots, une conversation souterraine des corps qui échappe à notre contrôle et qui, par voie de conséquence, peut faire émerger beaucoup de tabous et de stéréotypes socialement peu avouables. Ces gestes peuvent donc avoir le pouvoir d'entretenir les stéréotypes à notre insu.

Les stéréotypes sont des outils puissants car ils s'imposent à nous pour nous livrer leur vision de la réalité. Sans réaction de notre part, ils biaisent notre perception des choses, nos opinions mais aussi nos actes les plus inconscients. On comprend qu'il est nécessaire de s'engager dans une démarche volontaire si l'on veut les combattre et c'est bien ce que les entreprises sont en train de comprendre. Attendre que la société et ses valeurs fassent leur office est une attitude passive que les entreprises ne peuvent plus se permettre.

chapitre 4

Les stéréotypes sont-ils vrais ?

La question de l'exactitude des stéréotypes est très importante et pas seulement pour des enjeux de démonstration scientifique. Pourtant, c'est bien plus la question de la représentation de cette exactitude qui nous importe ici que l'exactitude réelle. Je proposerai deux réponses totalement opposées à cette question, puis je tenterai d'expliquer pourquoi ces deux réponses n'ont en fait aucune importance (pour une revue de questions, voir Lee, Jussin et McCauley, 1995).

Non, car tous les Portugais ne sont pas bruns !

Les stéréotypes sont forcément faux. Ça n'a vraiment aucun sens de dire que LES managers sont autoritaires, LES vendeurs de beaux parleurs, LES chefs condescendants et LES responsables de missions handicap des utopistes. Le simple fait de commencer une phrase par « LES X sont... » est déjà une aberration, quel que soit le groupe et quoi qu'on mette derrière les petits points. Comment réduire les membres d'un groupe à quelques caractéristiques en supposant implicitement qu'ils sont tous identiques ?

C'est souvent un abus de langage car on a la paresse de démarrer chacune de nos phrases par « en général les X sont » ou bien, « la plupart des X sont ». Et c'est pourtant bien de cette façon qu'on se défend quand on est repris ou contesté.

Et dans la vraie vie

Je fais remarquer à mon collègue que pour piloter l'organisation du gala annuel, il faut confier la mission à Isabelle car les femmes sont bien plus organisées que les hommes. Ce dernier me répond du tac au tac : « Ah non ça, ce n'est pas vrai parce que moi ma belle-sœur, je peux te dire qu'elle est très désordonnée et elle est incapable de faire deux trucs à la fois ou de planifier les choses à l'avance ! » Ah ! comme c'est beau parfois quand le bon sens l'emporte ! Plus de trois milliards de femmes sur la planète et la belle-sœur réussit à mettre à terre un stéréotype universel. Alors on précise : « Non mais pas toutes ! C'est évident que ce n'est pas vrai pour toutes les femmes, c'est en général ! Elles sont mieux organisées... »

L'autre mécanisme de défense quand on se fait « piquer » à utiliser un stéréotype, c'est de s'appuyer sur sa grande expérience du groupe. « Écoute, je n'ai que des femmes dans mon service, et je peux te dire que je les observe travailler, elles sont très organisées. » Argument fatal. Mais quand on y réfléchit, ça repose sur la même mécanique intellectuelle que celle de la belle-sœur. Si on dirige une équipe dans laquelle il y a six femmes et six hommes, on sait maintenant que notre cerveau trie les informations. Par simplification, on va mieux mémoriser les trois femmes du service qui sont particulièrement organisées. Donc on appuie sa théorie sur trois personnes. C'est toujours trois fois plus que la belle-sœur mais rapporté aux trois milliards de femmes, ça fait peu.

Pourquoi ce débat métaphysique n'a pas de sens ? L'exactitude des stéréotypes se définirait selon un critère absolu. L'exactitude reviendrait à une applicabilité exhaustive. Il faudrait que tous les membres du groupe possèdent une même caractéristique pour que le stéréotype soit vrai. En effet, tous les Portugais ne sont pas petits et bruns, et pour dire que le stéréotype est faux, il suffirait d'un seul grand blond. Mais si on accepte cette définition « absolue » de l'exactitude, alors tous les stéréotypes sont faux, ce qui reviendrait à dire qu'aucun d'entre eux ne se fonde sur une quelconque réalité. C'est, d'ailleurs, une rhétorique classique du militantisme, bienveillant mais pas toujours efficace, qui s'érige contre les discriminations. Il faut lutter contre les stéréotypes car ce ne sont que de fausses représentations, des inventions qui colportent l'ignorance et l'exclusion. Mais nous y reviendrons...

Oui, car il y a plus de bruns au Portugal qu'en Suède !

Pour répondre « oui », il faut avoir une tout autre représentation de l'exactitude, plus adaptée aux sciences humaines. En effet, ce qui caractérise ces travaux scientifiques c'est précisément le fait que l'humain est unique et que cela implique toujours une variabilité d'effet.

Si l'on teste en sciences physiques la réaction d'une goutte de produit A sur un support B et qu'on observe que cela fait de la mousse, on peut être certain que ce sera toujours le cas quels que soient les échantillons du produit A et du support B utilisés. Ces objets physiques ont les mêmes propriétés. Pour faire simple, c'est ce qui caractérise une science dite « dure ». L'exactitude est donc facile à établir selon le critère absolu du 100 %.

Imaginons maintenant une expérience en pharmacologie qui mesure l'efficacité d'un somnifère. Le produit administré est toujours le même (le produit A) mais le support B est unique puisqu'il s'agit de personnes qui vont se prêter au jeu du test. Alors on prend toutes sortes de précautions méthodologiques selon la formule du « toutes choses égales par ailleurs ».

Nous avons donc des sujets qui prennent un somnifère ou un placébo et on mesure l'impact sur le sommeil. À l'issue de l'expérience, on compare la durée moyenne du sommeil dans les deux groupes en faisant l'hypothèse qu'elle sera plus importante pour le « groupe somnifère ». Il serait naïf de penser que, comme dans l'exemple de la goutte, le somnifère génère le même temps de sommeil et que ce dernier sera supérieur pour tous les sujets par rapport à ceux du « groupe placébo ». Nous allons plus probablement obtenir deux courbes de sommeil avec des cas différents dans les deux groupes. Il faudra comparer les deux moyennes mais aussi prendre en compte la variabilité de l'effet du somnifère et du placébo à l'intérieur des deux groupes. Autrement dit, on considérera le somnifère comme efficace si, en moyenne, il fait dormir plus longtemps et surtout, si l'effet se produit sur un grand nombre de personnes dans le groupe, sans forcément s'attendre à ce que cela fonctionne de façon homogène pour tout le monde. On accepte donc une marge d'erreur qui correspond à des cas exceptionnels, pour toutes sortes de paramètres insondables. Si le somnifère fonctionne avec une légère marge d'erreur, alors on le considérera comme efficace. C'est une autre vision de l'exactitude, une exactitude relative.

Mais revenons à nos stéréotypes. Ce long détour pour vous démontrer à quel point parler d'exactitude absolue est un non-sens quand on touche à l'humain. Aucune opinion, aucun comportement, aucune émotion ne peut, par définition, être vrai pour l'ensemble des membres d'un groupe. Il faut donc adopter une définition plus relative de l'exactitude. On peut alors envisager que les stéréotypes deviennent potentiellement vrais.

Il y a, en effet, beaucoup plus de bruns au Portugal qu'en Suède. C'est une réalité statistique et relative, mais c'est une forme de réalité. Elle n'est vraie ni pour tous les Suédois, ni pour tous les Portugais, mais elle est statistiquement vraie, dans une logique de comparaison entre les caractéristiques physiques moyennes des Suédois et des Portugais. Dans la littérature, on parle de « noyau de vérité ». On considère que la plupart du temps, les stéréotypes naissent et se propagent autour d'une forme de vérité statistique et/ou relative et qu'ils ne sont que la généralisation de cette réalité à l'ensemble du groupe qui nous font dire : « LES X sont... »

S'il est facile de démontrer l'exactitude absolue (tout le monde), il est en revanche très difficile de démontrer l'exactitude relative. Si nous disposons de données factuelles sur certains groupes, ce n'est quasiment jamais le cas pour les traits de personnalité ou les aptitudes intellectuelles, qui sont le cœur des stéréotypes. En effet, si l'on veut démontrer que les femmes sont moins douées que les hommes pour les mathématiques, on imagine un protocole simple. On demande à deux échantillons de sujets, hommes et femmes, de réaliser un test de mathématiques. On fait la moyenne des résultats dans les deux groupes et on compare. Sauf que ce genre d'étude prouve que la culture et les stéréotypes eux-mêmes influencent les performances. Si on corrèle les résultats avec les valeurs d'égalité des droits femmes/hommes en vigueur dans le pays dans une étude comparative au sein de l'Europe, on ne constate aucune différence de performance entre les femmes et les hommes dans les pays « égalitaristes » mais une différence qui s'accroît à mesure que cette étude est réalisée dans des pays moins matures sur la question des droits des femmes. Autre exemple qui concerne la question de la menace du stéréotype (pour une revue de questions, voir Croizet et Leyens, 2003). On a maintes fois démontré que le simple fait de savoir qu'il existe un stéréotype négatif envers notre groupe peut suffire à nous faire échouer. Ainsi, une femme qui passe un test de mathématiques peut échouer par le simple fait qu'elle sache que, selon le stéréotype, les femmes ne sont pas douées pour les mathématiques. Et on pourrait aussi évoquer le problème de la sexuation des tests. Il est clair que les tests d'intelligence ou de mesure des émotions ne sont pas équivalents dans leur construction pour tous les groupes.

Alors si on voulait mesurer cette exactitude relative, que mesurerait-on en réalité ? Une différence observable justifierait les stéréotypes mais elle serait initialement biaisée par les stéréotypes eux-mêmes ! Voilà une circularité bien tautologique. On essaierait de justifier des stéréotypes en mesurant une réalité elle-même produite par ces mêmes stéréotypes.

Pire encore, il y a beaucoup de stéréotypes qui persistent en dépit de la réalité statistique objective, à commencer par notre exemple des femmes qui seraient moins douées que les hommes pour les mathématiques. Plus de 60 % des titulaires du baccalauréat scientifique en France sont des femmes. Elles sont majoritaires dans toutes les filières universitaires y compris en médecine. Même chose pour le handicap, le stéréotype très répandu selon lequel les salariés handicapés sont plus souvent absents que les autres est contredit par toutes les statistiques. *Idem* pour le lien implicite que nous faisons entre la durée des transports pour aller travailler et la fréquence des retards. Aucune étude à ce jour n'a pu établir un lien statistique. Le fait de n'avoir que 15 minutes de transport ne réduit pas la fréquence des retards au travail. Cela n'empêche pas que beaucoup d'entreprises prennent ce critère en considération dans le recrutement alors qu'il s'agit d'une forme indirecte de discrimination par rapport au lieu de résidence (dernier né des critères de discrimination dans le Code pénal à ce jour).

Néanmoins, si l'on admet l'idée qu'il existe une réalité relative ou statistique au cœur des stéréotypes et que ces derniers ne seraient souvent qu'une exagération et une généralisation de celle-ci, il faut bien préciser que ce n'est pas toujours le cas. Certains stéréotypes sont bâtis sur des fantasmes purs. C'est le cas quand les stéréotypes remplissent une fonction émotionnelle très forte. Quand le stéréotype sert à idéaliser un groupe ou, au contraire, à s'en protéger parce qu'il déclenche la peur ou l'aversion, il peut se construire sur du vide car sa seule fonctionnalité est affective.

On a donc, d'un côté, une définition absolue de l'exactitude qui permet d'affirmer que les stéréotypes sont faux et, d'un autre côté, une définition relative de l'exactitude qui nous permet de dire que les stéréotypes sont vrais car construits autour d'un noyau de vérité.

Peu importe, le problème c'est le sentiment d'exactitude

Mais cette question de l'exactitude est-elle bien posée ? Quelle importance en fait de savoir si, factuellement, les stéréotypes sont vrais ou non ? Est-ce bien cela qui est déterminant pour les entreprises dans leur croisade contre les stéréotypes ?

La question est clairement non et on retrouve les mêmes préoccupations avec d'autres aspects du management. C'est la question de la distance entre le réel et le perçu. On peut parfaitement corriger les décalages de salaire entre femmes et hommes dans l'entreprise mais est-ce suffisant pour créer un climat propice de collaboration entre femmes et hommes et un sentiment de reconnaissance équivalent dans les deux groupes ? Ce qui compte c'est comment les hommes et les femmes se représentent l'égalité professionnelle dans leur entreprise. Et parfois le décalage est saisissant. Dans certaines entreprises, il existe parfois un sentiment très exagéré de discrimination envers les minorités ethniques ou envers d'autres groupes. Est-ce la discrimination réelle ou le sentiment de discrimination qui fera le plus de dégâts sur la dynamique des groupes et la performance ?

CE QU'EN DIT LA RECHERCHE

Dans le volet de l'étude IMS consacré au genre, nous avons creusé cette question. Nous avons demandé aux managers d'évaluer, à compétences égales, la différence de salaire entre femmes et hommes dans leur entreprise et de manière générale en France. Plusieurs résultats intéressants apparaissent. D'une part, et c'est le moins surprenant, les hommes sous-estiment largement cet écart de rémunération, l'estimant en moyenne autour de 4 %. D'autre part, l'écart estimé par les managers est parfois en décalage avec l'écart réel existant dans leur entreprise. On voit bien ici que ce n'est pas l'exactitude des faits qui comptent mais bien la vision qu'on peut en avoir. Autrement dit, une entreprise peut avoir un traitement parfaitement équitable des femmes et des hommes en matière salariale, si pour toutes sortes de raisons, elle laisse entendre que ce n'est pas le cas, elle peut générer un sentiment de frustration et d'injustice chez les femmes. Enfin, dans toutes les entreprises, les managers considèrent que l'écart dans leur entreprise est inférieur à l'écart moyen en France. Ceci est donc impossible et en décalage avec la réalité. L'entreprise doit donc avoir, factuellement, une politique d'égalité de traitement, mais elle doit aussi le faire savoir et de façon crédible. L'exactitude n'est pas dans cet exemple le plus important, c'est le sentiment d'exactitude qui prime.

Concernant l'exactitude des stéréotypes, il est accessoire de se demander s'ils sont vrais ou faux. Cependant, il faut s'intéresser au sentiment d'exactitude qu'ils génèrent. Car le danger du sentiment d'exactitude est qu'il devienne un formidable outil

© Groupe Eyrolles

de rationalisation de nos croyances. Si le sentiment d'exactitude du stéréotype est fort, cela permet d'en justifier son existence. Pourquoi n'utiliserait-on pas nos stéréotypes si nous sommes persuadés qu'ils sont exacts ? Et là, il y a un fort danger à la perpétuation des stéréotypes et à leur utilisation abusive.

Or ce sentiment d'exactitude est encore une fois biaisé par notre cerveau et par la culture. Si on admet l'idée que le sentiment d'exactitude vient de l'observation de la réalité factuelle, on retombe inévitablement sur la question des biais perceptifs. En psychologie sociale, un courant de travaux sur les stéréotypes explique parfaitement l'accentuation erronée du sentiment d'exactitude. Ce courant de travaux porte sur le mécanisme dit des « corrélations illusoires » (Hamilton et Gifford, 1976). Il démontre que plus un événement est rare, plus il imprègne notre mémoire de façon intense, nous donnant la sensation d'être plus fréquent qu'il ne l'est en réalité. Selon les résultats de ces travaux, quand on observe un comportement négatif (statistiquement plus rare qu'un comportement neutre ou positif dans notre quotidien) venant d'une personne appartenant à un groupe minoritaire, cet événement risque d'imprimer notre mémoire au point de nous donner le sentiment qu'il est plus fréquent qu'en réalité.

Et dans la vraie vie

C'est le principe des médias qui font toujours le focus sur le négatif associé aux minorités, jouant le jeu des stéréotypes par une logique de légitimation. Les voitures brûlées dans les banlieues, les rôles de méchants dans les films joués par des Noirs ou des Maghrébins, les écervelées dans les publicités qui sont blondes sont autant de mises en scène qui nous font automatiquement associer des comportements déviants à des minorités et à surestimer leur fréquence au point d'imaginer que tous les Maghrébins sont des voleurs, que les banlieues ne sont qu'un immense brasier permanent ou qu'à la télévision les blondes ne peuvent que présenter la météo.

Quand l'exactitude perçue des stéréotypes provient d'une obser-vation de la réalité qui est biaisée par notre cerveau et entrete-nue par la culture, on retombe sur une circularité tautologique. Il est donc vain de se poser la question de l'exactitude factuelle des stéréotypes. Même si certains sont bâtis autour d'un noyau de vérité statistique, c'est le fait de les utiliser de façon abusive qui pose problème. Yzerbyt et Schadron (1996) font la distinc-tion justifiée entre stéréotype et « stéréotypisation ». Le stéréo-type, qu'il soit vrai ou faux, ne pose pas de problème en soi. C'est le fait même de l'utiliser à l'égard d'une personne sans vérifier qu'il peut s'appliquer qui pose problème. Car même si le stéréotype a une racine factuelle statistique, nous n'avons jamais la certitude qu'il s'applique légitimement à la personne avec laquelle nous sommes en interaction. Notre responsabi-lité est de ne pas l'utiliser de façon abusive, quelle que soit sa crédibilité.

La représentation de l'exactitude des stéréotypes est un élément permettant de justifier moralement leur utilisation. Et c'est bien cela qu'il faut combattre et ce, de plusieurs façons. D'une part, il est toujours intelligent de s'appuyer sur des données concrètes et avérées pour contredire des stéréotypes parfois totalement inexacts, dépassés ou simplement fantasmés. D'autre part, l'exactitude perçue des stéréotypes repose sur deux formes d'homogénéité : celle des opinions et celle qui caractérise la ressemblance perçue au sein des groupes. Concernant les opi-nions, il va sans dire que plus un stéréotype est répandu et par-tagé au sein d'une culture, plus il sera tenu pour vrai. Il est donc important de faire ressortir les différences de points de vue sur les groupes. Faire témoigner et s'exprimer des avis différents et contradictoires peut contrecarrer ce sentiment d'exactitude reposant sur la consensualité des opinions. Concernant la res-semblance perçue au sein des groupes, il est clair que plus un groupe est perçu de façon homogène et plus on aura le senti-ment que le stéréotype peut s'appliquer sans distinction. Il est donc essentiel de faire exister et faire s'exprimer les différences au sein des groupes. L'image du fauteuil roulant pour incarner le handicap est, par exemple, un outil de renforcement des stéréotypes car cela convainc d'une forte ressemblance entre les personnes handicapées alors même qu'il s'agit d'un groupe très hétérogène tant les formes de handicap et les personnes en situation de handicap elles-mêmes sont variées.

La formule : « On est tous d'accord pour dire que tous les X sont... » est le meilleur moyen de donner du crédit aux stéréotypes et de les renforcer car l'exactitude perçue est donc une justification morale du recours aux stéréotypes. Il faut élargir son champ de vision tant du point de vue de la diversité des opinions que de la diversité des caractéristiques au sein de chaque groupe.

2

L'impact
des stéréotypes
sur les relations
professionnelles

chapitre 5

Qui est concerné par les stéréotypes en entreprise ?

Tout le monde...

Au moment où ce livre est écrit, il existe vingt critères de discrimination dans le Code pénal. Ces critères couvrent un spectre hétérogène assez exhaustif des pratiques potentielles de discrimination. Outre le sexe, l'âge, le handicap ou la nationalité, il s'agit aussi de l'état de santé, du handicap, des opinions politiques ou religieuses, de l'apparence physique ou encore du statut familial... Ils s'appliquent à des situations de la vie de tous les jours (accès au logement, aux soins, etc.) et, dans l'entreprise, ils concernent tous les aspects de l'évolution professionnelle. Même s'il n'est probablement pas le plus important aujourd'hui, le recrutement est le champ d'application le plus médiatisé, notamment par les opérations de testing et par les débats autour du CV anonyme. Ainsi, les deux tiers des plaintes enregistrées par le défenseur des droits concernent la gestion de carrière : égalité de traitement, accès à la formation, conditions de départ en retraite, promotion...

La philosophie sous-jacente est de considérer que tout acte lié à la carrière d'un salarié ne doit se faire que sur la base de ses compétences (ou de leur absence). Les vingt critères qualifient ce qui, aux yeux de la loi, n'entre pas dans le cadre des compétences. Ainsi, il est possible de recruter un candidat sur la base de ses diplômes et/ou de ses expériences professionnelles mais pas de son lieu d'habitation ou de son orientation sexuelle.

Comment relier ces considérations aux stéréotypes ? Si l'on croise ces différents critères de discrimination, on comprend assez vite que tout le monde est concerné par au moins un critère. Le plus inexorable est celui de l'âge puisque nous sommes ou nous serons tous seniors un jour. De fait, nous sommes tous potentiellement victimes de discrimination. Si l'on pousse le raisonnement : le stéréotype répondant à un besoin mental essentiel, encouragé par les normes sociales, on peut considérer que, dans l'absolu, il n'existe aucun groupe qui ne fasse pas l'objet d'un stéréotype. Dans la vie courante, cela peut concerner toutes les catégories auxquelles on pense spontanément comme le sexe, l'âge ou la couleur de la peau mais c'est aussi le sport, les pratiques culturelles, ou encore l'apparence physique.

De façon à la fois « magique » et effrayante, nous avons des stéréotypes que nous ignorons envers tous les groupes, y compris ceux auxquels nous ne pensons jamais ou sur lesquels nous ne savons rien. En effet, il n'est pas utile de fréquenter les collectionneurs de timbres ou les surfeurs pour avoir des stéréotypes sur eux. Plus encore, il n'est même pas nécessaire de s'être déjà posé la question de ce que l'on pense d'eux pour que notre cerveau soit immédiatement en mesure de nous envoyer des images associées à ces deux populations bien opposées. Comme c'est agaçant ! On se croit ouvert et sans *a priori* et pourtant, à la simple évocation du mot « surfeur », on voit l'image d'un grand blond musclé dont le QI est légèrement en dessous de la vague sur laquelle il surfe. Cela vous montre à quel point ces stéréotypes sont présents et peuvent être évoqués rapidement et sans effort.

Vécu personnel

Lors d'une conférence, je fais un petit jeu avec les participants. Je présente un personnage fictif avec une simple photo d'identité. Je le décris de la façon suivante : « Gérard, 54 ans, est marié, il a trois enfants, il est cheminot et vit à Montargis. » Et immédiatement je pose la question suivante : « Qui est son chanteur préféré ? » Et à chaque fois, j'ai face à moi un chœur de « Johnny » ! C'est absolument automatique. Ensuite, je poursuis la démonstration, je leur demande de s'imaginer scénariste d'un film dans lequel joue Gérard et de me décrire le personnage. Les participants n'ont aucun mal, en quelques secondes, à me raconter de concert comment est décorée sa maison, ce qu'il fait le dimanche, dans quelle voiture il roule ou bien dans quel endroit il passe ses vacances. Ils sont même capables de me dire les prénoms de ses trois enfants. Effrayant ! Car si on réfléchit bien, ils connaissent toute la vie de Gérard alors qu'ils ont découvert son existence seulement quelques secondes plus tôt. Pire, ils se basent sur cinq catégories qui correspondent toutes à des critères de discrimination (son sexe, son âge, son statut familial, sa profession et son lieu d'habitation).

L'entreprise n'échappe pas à cette règle. Les stéréotypes concernent bien sûr tous les groupes « classiques » que nous venons de voir mais pas seulement. L'entreprise fabrique des groupes et donc des stéréotypes. Il peut s'agir des fonctions, des postes, des entités originelles d'appartenance, des secteurs ou encore des lieux d'affectation. Un jour un manager me dit : « Chez nous les RH bouffent la marge, ce sont des fonctionnaires inutiles. » C'est un cas, espérons-le, extrême mais ce genre de stéréotype est bien plus destructeur pour la dynamique de l'entreprise que ce qu'il peut penser des femmes ou des seniors (étant d'ailleurs lui-même senior depuis un moment). Toutes les fonctions de l'entreprise que ce soit sur un axe horizontal, les secteurs, ou sur un axe vertical, le degré de responsabilités, font l'objet de stéréotypes souvent peu cléments. Donc aussitôt que dans une réalité donnée, on crée plusieurs catégories disjointes, on fait aussitôt apparaître des stéréotypes. C'est quasiment pavlovien.

CE QU'EN DIT LA RECHERCHE

Beaucoup d'études montrent qu'il suffit d'introduire dans un groupe un critère distinctif même déconnecté de toutes représentations préalables pour faire apparaître des stéréotypes, des opinions négatives et des conflits. Les plus stupéfiantes concernent les travaux dans les écoles primaires. On fait croire à des enfants que la couleur des yeux est un critère important pour distinguer les gens. Aussitôt les enfants aux yeux bleus et ceux aux yeux marron s'érigent en groupes distincts et entrent en conflit. Même chose dans une classe au Canada où on décide de distinguer les enfants d'une même classe entre ceux qui font plus *versus* moins de 1 m 20. Aucun enfant n'avait ce critère de jugement dans ses représentations. Pourtant, en moins d'une journée, ces deux catégories d'enfants se distinguent, ne jouent plus ensemble dans la cour et finissent par se rejeter mutuellement. Henri Tajfel (1978) a démontré ce phénomène de catégorisation dès les années 1970 dans ses fameuses expériences issues du paradigme dit des « groupes minimaux ».

Néanmoins, il faut bien découper l'entreprise en entités dont le nombre est généralement proportionnel à sa taille. Et nous savons que les stéréotypes sont inévitables dès qu'on crée des groupes. Quand, par exemple, deux entreprises fusionnent, on juxtapose des personnes en leur demandant de ne plus constituer qu'un seul groupe. Pourtant, il est fréquent que les identités obsolètes perdurent de longues années et génèrent des stéréotypes et des rapports de force latents. Une fusion réussie doit parvenir à dépasser les identités initiales pour les faire fusionner dans un groupe permettant à chacun le même degré d'identification. Mais est-ce bien possible ? Cela répond-il aux attentes de chacun ? Rarement en fait. Des questions demeurent : qui était le plus fort avant ? Qui a racheté qui ? Quelle marque est la plus notoire ?

En outre, les stéréotypes en entreprise sont totalement liés aux normes en place et se définissent par rapport à un contexte. Les groupes ne sont pas forcément victimes de la même façon des stéréotypes.

Et dans la vraie vie

On dit les femmes moins centrées sur la performance que les hommes, moins charismatiques, avec une aptitude moins forte à la prise de décisions et au management. On comprend bien que ce stéréotype concerne surtout la fonction de manager, dans laquelle on retrouve une immense majorité d'hommes et dans laquelle on n'imagine moins bien les femmes. Mais dans certaines fonctions support, les stéréotypes ne sont pas du tout les mêmes. Les femmes sont alors perçues comme performantes et dans un tel contexte, ce sont les hommes qui peuvent faire l'objet de stéréotypes négatifs. Ils perdent leur masculinité aux yeux des managers. C'est d'ailleurs un des arguments que nous avons l'habitude d'avancer quand nous cherchons à convaincre les entreprises qu'il est nécessaire d'engager les hommes dans une démarche d'égalité professionnelle femmes/hommes. Il est important de comprendre que les hommes font aussi l'objet de stéréotypes forts et que le rééquilibrage des forces, des pouvoirs et des reconnaissances pourront permettre la réduction des stéréotypes avec des bénéfices pour les femmes mais aussi pour les hommes (cf. l'ouvrage collectif : Mixité : quand les hommes s'engagent, 2015).

Quand on engage en entreprise une réflexion sur les stéréotypes, il ne faut pas se cristalliser uniquement sur certains groupes mais entreprendre une démarche globale de compréhension de la mécanique sous-jacente à l'existence des stéréotypes afin d'en tirer des bénéfices pour tous. La compréhension des stéréotypes peut permettre de « décoincer » des pratiques à condition qu'on ne réduise pas le débat à la défense de certains groupes particulièrement stigmatisés.

La mécanique mentale des stéréotypes est globalement la même pour tous les groupes. On identifie un groupe de personnes sur la base de points communs, on associe à ce groupe un ensemble de caractéristiques figées, transmises par la culture et on applique ces caractéristiques à l'ensemble des membres du groupe.

L'exception qui confirme la règle concerne les stéréotypes femmes/hommes car il s'agit d'un cas particulier à plus d'un titre. D'une part, le sexe constitue une catégorisation nette et découpe la réalité de façon clairement discontinue : on est un homme ou une femme (sinon il faut parler du « genre »). Il est d'ailleurs mentalement difficile de gérer l'entre-deux. Les stéréotypes sont robustes et souvent violents envers les transsexuels. Les mentalités évoluent lentement mais nous avons tendance à avoir le stéréotype qu'une lesbienne est forcément masculine car nous voudrions l'assimiler aux hommes par soucis de simplicité. Même chose pour les homosexuels, ils sont encore parfois assimilés aux femmes par la vision caricaturale de leurs choix vestimentaires, leur façon de parler et de se comporter.

CE QU'EN DIT LA RECHERCHE

Dans une étude que j'ai pilotée pour une étudiante en master à l'université Lyon 2, on a mesuré auprès d'un échantillon d'étudiants les stéréotypes envers les hommes, les femmes et les hommes féministes. Les résultats ont montré une vision classique très différenciée des femmes et des hommes mais surtout les répondants associaient à un homme féministe les caractéristiques personnologiques d'une femme. Dans les représentations, quand un homme défend les droits des femmes, il en devient une du même coup !

D'autre part, la distinction femmes/hommes est la première à laquelle l'enfant est exposé et ce, bien avant sa naissance. À l'issue de l'échographie du 5e mois de grossesse, beaucoup de parents font le choix de demander le sexe de l'enfant. À partir de là, tout l'environnement de cet enfant, à naître, va considérablement se sexuer, parfois à l'insu même des parents. Dans les derniers mois de la grossesse, le contact avec le ventre de la femme enceinte, la façon de lui parler, les interprétations que les parents font sur le sommeil ou sur la façon dont il bouge vont être différents. « Tu as bien dormi ma chérie ? » « Ah non ! Il a bougé toute la nuit, ça va faire un bagarreur ! » L'interprétation n'aurait pas été la même si ces futurs parents s'apprêtaient à accueillir une fille.

De fait, cette première perception du monde à travers ces deux boîtes disjointes que sont les femmes et les hommes sert de « patron » de découpage pour les autres. Je continue à penser, aujourd'hui, que « le sexisme est la mère de toutes les discriminations ». C'est comme si nous reproduisions sur toutes les autres catégories (couleur de la peau, âge...) le découpage binaire femmes/hommes. À ce titre, travailler sur les stéréotypes liés au sexe, en déconstruisant cette frontière que l'on croit si imperméable entre les deux camps, peut avoir des effets positifs sur les autres.

© Groupe Eyrolles

CE QU'EN DIT LA RECHERCHE

Avec une approche anthropologique, Françoise Héritier (1996) propose le concept de « valence différentielle des sexes » pour expliquer comment cette distinction femme/homme est à l'origine d'une vision binaire plus générale du monde. Bien plus tôt et avec une approche plus psychosociologique, Theodor Adorno (1950) a montré qu'il existe des liens logiques entre les stéréotypes dans ses travaux sur la « personnalité autoritaire ». Selon ses résultats, nos opinions sont organisées en syndromes qui ont une origine commune (essentiellement le mode d'éducation) de telle sorte que, souvent, les modes de catégorisation se rejoignent. Par exemple, les gens les plus sexistes déclinent leur mode de perception envers les homosexuels et les étrangers, les rendant ainsi homophobes et racistes.

Enfin, les femmes ne constituent pas une minorité numérique comme c'est souvent le cas pour les groupes victimes de stéréotypes négatifs. Elles constituent un groupe de même taille que les hommes, ce qui fait de cette catégorisation un cas à part.

... Mais c'est plus dur pour certains !

Certains groupes font, plus souvent que d'autres, l'objet de stéréotypes négatifs. Dire que les stéréotypes s'appliquent à tout le monde ne revient pas à ignorer le phénomène de stigmatisation. Les groupes stigmatisés réunissent, la plupart du temps, deux caractéristiques : ils sont minoritaires et/ou représentent un pouvoir social faible. Quand ces deux éléments sont réunis, on voit souvent apparaître un phénomène de « bouc-émissairisation ».

La théorie du bouc émissaire est très ancienne en psychologie sociale (Dollard *et al.*, 1939) en partie héritière de la psychanalyse. Elle repose sur le phénomène assez universel « frustration-agression », reconnu de tous même si d'autres approches scientifiques le nomment autrement.

CE QU'EN DIT LA RECHERCHE

La théorie psychanalytique nous explique que ce mécanisme remonte au complexe d'Œdipe. Entre trois et six ans, l'enfant ressent des pulsions amoureuses envers le parent du sexe opposé. En clair, le petit garçon voudrait bien piquer la place de son père dans le lit conjugal. Mais il comprend vite qu'elle est déjà prise, ce qui le rend malheureux et surtout frustré de ne pouvoir satisfaire cette pulsion. Alors, il va transformer cette frustration qui s'accumule comme une énergie négative en une agression envers ce qu'il identifie comme la cause de cette frustration : son père. Il réalise que si son père mourait, ça lui laisserait le champ libre. C'est la douce période où le petit garçon joue à tuer son père toute la journée avec ses pistolets ou ses épées en plastique. Mieux encore, c'est la période des remarques adorables comme : « Papa tu sais, un jour je serai grand, et toi tu seras... mort. » Mais c'est aussi la petite fille qui passe ses journées à déambuler devant son papa avec les chaussures à talons hauts de sa mère. Dans l'immense majorité des cas, les choses se tassent assez facilement quand les deux parents font comprendre à l'enfant que ce à quoi il aspire est impossible.

Ce réflexe qui consiste à se libérer d'une frustration en la transformant en une agression inutile mais libératoire du point de vue de l'énergie est une défense que nous utilisons toutes et tous comme soupape quand le sentiment d'échec, de menace ou de perte de contrôle est trop fort. Mais parfois la source de notre frustration est impossible à identifier et donc à agresser.

Par exemple, la situation dans laquelle se trouve un chômeur est le produit d'une multitude de causes qui s'accumulent pour provoquer son état. Cela peut provenir de son origine sociale, son rapport avec l'école, le contexte économique, un marché de l'emploi surchargé dans son secteur, un lieu de vie peu propice pour sa carrière, les lois, ou encore ses aptitudes physiques ou mentales.

En outre, quand il est possible d'identifier la cause d'une frustration, celle-ci est parfois impossible à agresser pour des raisons de relation de pouvoir. En entreprise, on peut se voir refuser une augmentation, devoir accepter une mutation, subir une mauvaise évaluation ou encore devoir gérer un surplus de travail du fait de l'incompétence ou de la malhonnêteté de son supérieur hiérarchique. Mais que faire ? Comment agresser cette personne qui détient une forme de pouvoir sur nous ? Et quand bien même, cette agression aurait-elle un effet positif sur notre situation ? C'est loin d'être certain (pour une revue de questions, voir Herman, 2007).

Alors quand la cause de notre frustration est impossible à identifier et/ou à agresser, il nous est nécessaire de déplacer cette agression sur une cible plus faible et facilement repérable. C'est injuste mais reconnaissons que cela fait du bien ! C'est le phénomène de la cascade dans les entreprises. On déplace sur les N − 1 les frustrations vécues à cause des N + 1 et ainsi de suite du haut jusqu'au socle de la pyramide. Du coup, tout le monde agresse tout le monde, ce qui n'est jamais bon indicateur de bien-être et de performance collective. Pire encore, on peut déplacer nos frustrations en dehors de l'entreprise sur des cibles innocentes : les conjoints et/ou les enfants.

Et dans la vraie vie

À l'échelle de la société, on voit très bien ce phénomène en politique avec une corrélation toujours vérifiée entre contexte économique et

les votes extrémistes. C'est toujours quand une société est en forte crise économique que les électeurs optent massivement pour les idées les plus irréalistes mais les plus radicales, représentées par les extrêmes. Le racisme, dont font l'objet certains groupes, serait la résultante d'une accumulation de la frustration collective sur un plan économique et qui se cristallise sur les minorités généralement les plus faibles. Et on voit assez bien comment une société change régulièrement de bouc émissaire. Depuis un siècle, la France a connu différents flux migra- toires. Les boucs émissaires changent mais n'ont fondamentalement pas beaucoup évolué au regard des reproches qui leur sont faits. On est passé des Européens (Italiens, Espagnols, Portugais) aux Maghrébins, puis aux Africains sub-sahariens, pour aujourd'hui nous focaliser sur les Européens de l'Est avec l'image du Rom comme bouc émissaire idéal.

On retrouve cela à l'échelle de l'entreprise qui n'est autre qu'un système au diapason des valeurs de la société mais qui crée aussi ses propres valeurs. Si une entreprise va mal, des groupes bouc émissaires vont apparaître pour absorber la frustration qui peut s'accumuler et devenir un risque pour tous.

L'ÉTUDE DE L'IMS...

Le volet sur le genre du programme de recherche de l'IMS met en évidence des corrélations fortes entre le degré de satisfaction au travail et les stéréotypes. Les managers hommes qui disent être les plus satisfaits par leur travail (donc potentiellement les moins frustrés au moins sur le plan professionnel) sont aussi ceux qui expriment les stéréotypes les moins négatifs envers les femmes. Comme si les deux étaient liés. On voit bien la dimension affec- tive que revêtent les stéréotypes. Le rejet des femmes devient un moyen de déplacer une forme de mal-être au travail.

L'entreprise devient, alors, un terrain de jeu prédisposé à l'émergence de stéréotypes envers des groupes qui sont soit les boucs émissaires déjà identifiés dans la société en général, soit ceux créés par les valeurs de l'entreprise elle-même. Par exemple la place des personnes en situation de handicap est plus fragile chez certains acteurs du luxe que dans le secteur bancaire. Le handicap est inconsciemment (ou pas) perçu comme incompatible avec l'image que veut défendre le luxe. En revanche, la couleur de la peau sera moins problématique car elle peut correspondre à l'image universelle de la beauté que l'industrie du luxe défend. Inversement, la question de l'origine ethnique risque d'être plus épineuse dans le secteur des banques ou des assurances car les stéréotypes sont inconsciemment (ou pas) perçus comme difficilement conciliables avec les valeurs de sérieux, de droiture et de sécurité qu'incarnent ces secteurs.

Au final, il ne s'agit pas de faire la liste des groupes prioritaires sur lesquels il faut travailler car ce serait contraire à la façon dont il faut envisager une sensibilisation sur les stéréotypes. En revanche, même s'il faut accepter l'idée que tout le monde est à la fois porteur et cible de stéréotypes, il est nécessaire d'avoir la maturité nécessaire pour analyser structurellement l'entreprise et comprendre pourquoi et comment certains groupes concentrent des attitudes aussi négatives. Pour ce faire, il faut « objectiver » les stéréotypes, c'est-à-dire être en mesure de lister les groupes qui, dans l'entreprise, font l'objet des opinions les plus défavorables.

chapitre 6

À quoi les stéréotypes peuvent-ils bien servir ?

Comprendre que les stéréotypes sont nuisibles est une intuition très largement partagée, mais sur de mauvaises bases. Les stéréotypes sont toujours abordés uniquement comme des sources d'erreur et des risques de discrimination.

C'est une vision morale et réductrice qui masque la réalité psychique en jeu dans leur utilisation. Ainsi, il me semble essentiel dans ce livre (ainsi que dans toute démarche de sensibilisation aux stéréotypes) d'expliquer comment ils peuvent jouer un rôle positif et avoir une réelle utilité psychologique. Alors bien sûr, c'est politiquement incorrect de poser le problème ainsi, cela peut donner l'impression de légitimer leur existence, mais c'est une démarche honnête et nécessaire. Pour comprendre les stéréotypes, il faut en aborder toutes les dimensions, sans jugement moral, ni culpabilité.

Ainsi donc, si les stéréotypes sont des poisons pour les relations professionnelles et polluent les entreprises, ils ont une réelle utilité sur un plan purement psychique. Arrêtons-nous sur trois aspects essentiels de cette fonctionnalité positive.

Agir vite et sans effort (parce qu'il nous arrive d'être paresseux...)

Nous avons fait la démonstration dans le chapitre 2 que notre cerveau a des capacités limitées. Les stéréotypes nous simplifient la vie en réduisant la complexité de la réalité à des catégories auxquelles nous associons automatiquement des idées préconçues.

Mais l'entreprise est-elle un environnement qui accentue le recours aux stéréotypes ? Deux éléments de réponse :

1. Les stéréotypes sont utilisés pour simplifier la réalité. Donc plus celle-ci est complexe, plus nous risquons de les employer. Et l'entreprise est un système complexe, construit sur une architecture parfois opaque et superposant des couches d'organisations qui s'accumulent. On a parfois du mal à comprendre le périmètre d'action de chacun, l'articulation entre les différents services, comment se distribuent les responsabilités ou encore comment sont réellement prises les décisions. Et cette complexité structurelle est grandissante à mesure que les entreprises fusionnent.

L'entreprise est également un système complexe car pétri de messages contradictoires et d'injonctions paradoxales. Il faut innover... mais sans prendre de risques ! Il faut faire émerger une pensée alternative pour plus de créativité... mais obéir aux directives de la hiérarchie. Il faut reconnaître l'unicité de chacun... mais se fondre dans une culture commune. On voit bien qu'à tous les niveaux, l'entreprise envoie des messages difficiles à comprendre car potentiellement perçus comme contradictoires.

Il semble évident que, dans ce système, l'acteur subit mentalement cette complexité et sollicite d'autant plus des solutions simplificatrices, parmi lesquelles on retrouve les stéréotypes. Et plus les stéréotypes sont répandus dans une entreprise, plus les risques d'erreur sont élevés. On recrute, on promeut, on forme, on compose les équipes en s'appuyant sur des stéréotypes car c'est simple, rapide, et économique.

En outre, s'ajoute à cela l'impossibilité de mesurer les erreurs de façon factuelle. On choisit un junior issu d'une grande école plutôt qu'un universitaire mais on ne pourra jamais savoir comment ce dernier aurait performé s'il avait été recruté puisqu'il ne l'a pas été !

Vécu personnel

En formation, un RH me dit un jour : « C'est du bla-bla vos trucs psycho ! Moi je recrute depuis vingt ans sur trois critères : la fermeté de la poignée de main du candidat, la droiture de son regard et le cirage sur ses chaussures ! Et vous savez quoi ? Ça marche ! Je n'ai jamais recruté quelqu'un qui ne fasse pas l'affaire ! » Avant de commenter cette remarque, je remercie vivement ce Monsieur pour sa franchise et pour la pépite qu'il nous livre ici. Bien sûr que ça marche. Et pour deux raisons : d'une part, il oublie de nous dire que cette entreprise est très sélective sur le premier tri, donc il a la garantie d'un premier filtre. D'autre part, il n'a aucun moyen de mesurer si les candidats qu'il a recrutés sont bons ou s'ils sont les meilleurs parmi l'éventail des possibles qui lui était proposé. Pour autant est-ce une stratégie optimum (et accessoirement légale) ? Assurément non. Mais personne ne peut le démontrer, donc il est très difficile de convaincre ce Monsieur et encore moins de le faire changer de pratique.

2. Au-delà de l'économie mentale, les stéréotypes sont utilisés pour gagner du temps. L'entreprise est-elle un système dans lequel la gestion du temps occupe une place importante ? Assurément oui ! La rapidité d'exécution est, à tous les niveaux, une valeur inscrite aujourd'hui dans l'ADN de toutes les entreprises. Il faut aller vite, être réactif, adaptable, savoir anticiper, car le temps est associé à la compétitivité. Dans les entreprises, tout le monde est surbooké, tout le monde court, les plannings sont surchargés, on optimise le temps partout et tout le temps. On fait des réunions dans les transports, on organise des « briefs petit-déjeuner », des « lunchs meetings ». Et dans les réunions, les participants écoutent d'une oreille, « checkent » leurs messages vocaux de l'autre et « blackbérisent » avec leur main libre.

Mais être réactif et décider vite suppose de penser vite, c'est-à-dire d'imposer au cerveau une accélération de son activité en le soumettant à une forte pression temporelle. Or on sait maintenant comment réagit le cerveau quand il subit une telle surcharge. Il privilégie les stratégies de pensée les plus facilement accessibles, dont les stéréotypes.

Avoir une bonne image de soi (parce qu'il nous arrive d'être vaniteux...)

Les stéréotypes remplissent une seconde fonction psychique nettement moins intuitive. « Quand je me regarde je me désole. Mais quand je me compare je me console », dit un proverbe québécois qui résume assez bien notre propos et qui repose sur la relativité.

Et dans la vraie vie

Comment fait Jérémy pour annoncer une note médiocre en mathématiques à ses parents très exigeants alors que d'habitude il est plutôt bon ? Il a plusieurs solutions : la première c'est la technique dite de la « porte au nez ». Le soir de l'examen, il présente un scénario tsunamiesque. Il a complètement échoué à son examen, c'est une catastrophe, il va rater ses études et deviendra à coup sûr SDF. Panique à bord pendant trois jours. Et quand il ramène un 11/20, on prend ça comme un cadeau et on pourrait presque le remercier. C'est une technique qui permet de faire passer une mauvaise nouvelle en présentant un tableau dramatisé de la situation. La deuxième solution c'est de minimiser la mauvaise nouvelle. Finalement 11/20 c'est pas mal, c'est quand même la moyenne ! Et Jérémy a fait les calculs, cette note ne représente que 0,3 % de la moyenne générale de son année scolaire toutes matières confondues donc, franchement, il n'y a pas péril en la demeure.

Et puis, il existe une troisième façon de faire, imparable, qui est celle qui nous intéresse ici. C'est la technique de la relativité. Jérémy annonce son 11/20 mais aussitôt, il explique que tout le monde s'est planté et surtout Romain, d'habitude le meilleur en mathématiques, qui n'a eu que 8/20. D'un coup, la note de Jérémy désole ses parents, mais les console au regard de la note de Romain.

Quel rapport avec les stéréotypes ? Pour comprendre, il faut reprendre le fil du raisonnement des psychologues sociaux qui ont fait cette démonstration et notamment celle d'Henri Tajfel dans sa « théorie de l'identité sociale » (1978) :

1. Tout être humain a besoin d'avoir une image de soi satisfaisante. Il est en effet plus équilibrant et réconfortant de construire une image de soi qui ne génère ni dévalorisation, ni autoflagellation. Cela ne fait pas de nous des pervers narcissiques. Il est plus agréable de se percevoir et de se projeter positivement que l'inverse.

2. L'image de soi se construit sur des groupes sociaux auxquels nous appartenons. Nous sommes toutes et tous un sexe, une catégorie d'âge, une nationalité, une religion, une profession, etc. Bien entendu, chacun d'entre nous n'accorde pas la même importance à chacun des groupes auxquels il appartient. Notre histoire de vie, nos valeurs, nos opinions, nous conduisent à nous définir préférentiellement par certains groupes. Et comme on préfère le plaisir au déplaisir, on choisit ceux qui nous renvoient une image de nous la plus satisfaisante.

Et dans la vraie vie

Je suis Français mais pour toutes sortes de raisons, je considère que ma nationalité n'est pas du tout constitutive de mon identité car je ne me reconnais pas dans les valeurs associées à ce groupe. En revanche, ma profession pour laquelle j'ai une passion, occupe une place très importante dans ma vie mais surtout est un marqueur identitaire très fort pour moi. Si je n'aime pas les valeurs associées aux Français, m'identifier à ce groupe reviendrait à avoir, par transitivité, une image de moi plutôt dégradée. Alors que je suis chercheur en génétique, une profession noble, respectée et sélective qui me renvoie une bonne image de moi. Les gens qui agitent des drapeaux dans les stades, ou ceux qui ressentent le besoin de mettre le numéro ou l'écusson de leur département d'origine sur leur plaque d'immatriculation, sont clairement très fiers de leurs origines et en le revendiquant, ça les valorise et ça les fait aller bien.

3. Si on associe les deux premiers points de ce raisonnement, on arrive à la conclusion suivante : *a)* mon identité dépend des groupes et *b)* j'ai besoin d'avoir une bonne image de moi, donc *c)* j'ai besoin d'avoir une bonne image des groupes auxquels j'appartiens. Plus j'ai le sentiment d'appartenir à un groupe socialement valorisé, plus la volonté d'y être associé me procure une bonne image de moi. Nous sommes donc tous animés par le besoin (qui peut aller du raisonnable au fanatique) d'entretenir l'idée que NOUS, dans notre groupe, nous sommes des gens bien.

4. C'est maintenant qu'intervient la mécanique de la relativité. Comment faire pour évaluer notre groupe ? Comment savoir ce que nous valons ? Existe-t-il une valeur absolue des compétences intellectuelles, des qualités relationnelles ou émotionnelles, ou même des caractéristiques physiques ? Il est insensé de prétendre être grand sans repère de comparaison. On est seulement « plus grand » ou « moins grand » que la moyenne. La théorie de la comparaison sociale de Léon Festinger (1954) est une des plus célèbres de la psychologie sociale. Elle montre que toute évaluation du comportement humain ne peut se faire que dans un jeu de comparaison avec une norme référente dans un environnement donné.

Donc comment avoir une bonne image de notre groupe ? Il n'existe aucun autre moyen que de le comparer positivement au groupe de référence le plus pertinent. Il est donc nécessaire de penser que *nous* sommes mieux qu'*eux*. Eux, ils sont moins intelligents que nous, donc *nous* sommes intelligents, donc JE le suis moi-même, donc j'ai une bonne image de *moi* donc *je* vais bien. CQFD. Les stéréotypes négatifs que nous exprimons envers les groupes auxquels nous n'appartenons pas sont, en partie, le résultat de cette comparaison sociale positive.

Vécu personnel

J'ai remarqué des stéréotypes négatifs assez bidirectionnels entre les RH et les managers. Du côté des RH, c'est amusant de voir comme ils construisent une valorisation sociale de leur identité par un stéréotype envers les managers qui les décrit comme des gens froids, toujours dans l'opérationnel et insensibles à l'humain (c'est-à-dire tout l'inverse de ce que les RH pensent d'eux-mêmes !). Au point que quand je prépare avec une équipe de RH une conférence que je vais devoir animer auprès d'un public de managers opérationnels, ils me mettent souvent en garde. « Attention, je vous préviens, ils n'ont pas du tout envie d'être là et la diversité ça ne les intéresse pas ! Et faites attention à ne pas utiliser des concepts trop psycho car ils n'aiment pas ça ! Ça ne leur parle pas ! » Au début je vous avoue que j'allais à la rencontre de ces managers avec une certaine appréhension. Et je dois reconnaître que je suis parfois étonné par leur maturité sur ces questions et par leur intérêt réel pour les sujets liés à la diversité, à la condition de captiver leur attention et de se montrer crédible. En fait les RH représentent un groupe malheureusement peu valorisé dans l'entreprise (au même titre que quasiment toutes les fonctions support) mais pour autant, ils ont besoin comme tout le monde d'une forme de reconnaissance sociale qui repose sur des caractéristiques propres. Alors, ils construisent des stéréotypes négatifs envers les managers afin, dans un jeu de comparaison, de se persuader qu'ils sont meilleurs car chaleureux, humains, voire humanistes. Bien entendu, je ne fais pas le choix d'une chapelle dans mon exemple, la démonstration se vérifie aussi bien dans l'autre sens.

L'entreprise est constituée d'une multitude de groupes distincts. Chacun est composé d'individus qui, tous, ont besoin d'avoir une image positive d'eux-mêmes. Cela conduit chaque groupe à développer des stéréotypes négatifs envers les autres.

Le stéréotype est donc un outil défensif pour se protéger, mais aussi un élément proactif pour se construire. Quand les RH expriment des stéréotypes négatifs envers les managers, l'intention n'est pas forcément de les dévaloriser, mais plutôt d'accéder à une bonne image d'eux-mêmes. Et quand les consultants projettent des stéréotypes négatifs sur les RH, les considérant « inutiles et coûteux », c'est aussi pour se rassurer sur leurs propres compétences distinctives.

Garder la situation sous contrôle (parce qu'il nous arrive d'être anxieux...)

Il existe une troisième utilité psychologique des stéréotypes, au cœur de nombreuses théories en psychologie : le sentiment de contrôle. On peut la résumer de la façon suivante : il est réconfortant de penser que nous contrôlons l'environnement dans lequel nous évoluons. Cela repose sur trois éléments : la maîtrise, la compréhension et la capacité à anticiper sur des situations futures.

Et dans la vraie vie

L'élève qui rate son baccalauréat après une année de Terminale passée à tout faire sauf le préparer (par exemple moi) peut être tout à fait déçu et vexé mais il ne sera pas en stress. Il garde du contrôle sur la situation car il sait ce qu'il doit faire lors de son redoublement pour ne pas commettre les mêmes erreurs. En revanche, celui qui rate son baccalauréat alors qu'il pense avoir fait tout ce qu'il pouvait pour l'avoir (pas moi donc), sera en situation de perte de contrôle. « Qu'ai-je fait, pas fait ou mal fait et surtout que dois-je faire maintenant ? » Au-delà du fait que c'est un sentiment très désagréable, cela peut le mettre en situation « d'impuissance acquise » comme la littérature le définit.

Nous sommes toutes et tous en recherche de contrôle avec une intensité variable en fonction de notre personnalité, nos compétences réelles et notre degré de stress « naturel ». Et cette quête peut prendre un visage tout à fait irrationnel dans une situation ou le contrôle se révèle impossible. Typiquement, c'est le comportement que nous adoptons face au hasard car il est anxiogène de nature, nous imposant une réalité sur laquelle nous n'avons aucune prise. De fait, nous déployons des stratégies qui nous donnent l'illusion de pouvoir le contrôler. Cela passe, par exemple, par la superstition, la pensée magique, ou encore toutes sortes de croyances parapsychologiques.

Et dans la vraie vie

Faites l'expérience d'observer un enfant lors d'un jeu de société utilisant des dés à jouer, comme « Les Petits Chevaux ». Pour faire sortir son cheval de sa maison, il doit faire un 6. Alors il agite le dé, souffle sur sa main et, surtout, il lance le dé très fort (et nous le ramassons sur le carrelage pour la vingtième fois...). Et pour faire rentrer son cheval dans sa maison après un tour de piste, il doit faire un 1. Cette fois, il dépose tout doucement et tout timidement le dé sur le coin de la table ! En fait, il est tellement en stress que son cheval soit dévoré par ses adversaires si près du but, qu'il applique une théorie magique selon laquelle il existerait un lien entre l'intensité du lancer et le résultat obtenu. De façon inconsciente, il se dit que plus il lance le dé vigoureusement, plus il a de chances d'obtenir un grand chiffre et inversement pour un petit chiffre. Ça ne sert à rien, ça ne répond à aucune logique mais ça lui fait du bien. Il a l'impression d'avoir du contrôle sur la situation.

Je me moque des enfants mais avouons que nous agissons bien de la même façon ! Les joueurs dans les casinos ont tous des stratégies illusoires de contrôle. La Française des jeux a d'ailleurs fait sa fortune sur ce besoin de contrôle car si nous étions des statisticiens rationnels sans besoin de contrôle, aucun d'entre nous ne jouerait quand seul le hasard décide de notre succès.

Plus proche de notre propos, comment le sentiment de contrôle peut-il générer des stéréotypes et être un biais décisionnel dans le cadre professionnel ? Comme on l'a vu, l'entreprise peut être un environnement anxiogène puisqu'il ne peut pas garantir un sentiment de contrôle absolu. Aussi, nous utilisons des stratégies magiques et rassurantes nous permettant d'agir au quotidien.

Philippe dirige une PME qui connaît des difficultés financières car le contexte est difficile et concurrentiel. Ingénieur de formation, il a une pensée très cartésienne et, à froid, analyse très bien la situation dans laquelle il se trouve. Pourtant, lors d'une séance d'accompagnement individuel, il raconte l'anecdote suivante : « Sur le trajet qui va de mon domicile à mon entreprise et que j'emprunte tous les matins avec ma voiture, il y a quatorze feux tricolores. Et bien ça va vous sembler fou mais je me suis rendu compte que quand j'ai plus de sept feux au vert, je passe une meilleure journée que quand j'ai plus de sept feux au rouge. Et ça se vérifie à chaque fois ! »

Voilà un ingénieur chef d'entreprise tellement en perte de contrôle face au destin de son entreprise qu'il invente une théorie magique pour se rassurer exactement comme l'enfant le fait avec son lancer de dé. Il sait que c'est irrationnel, mais il a enfin retrouvé un sentiment de contrôle sur ce qui lui arrive. Pour la petite histoire, cette anecdote racontée au début de son accompagnement revient dans les échanges vers la fin de ses séances. Une fois qu'il a trouvé de vraies clefs d'explication et de solution à la situation financière de son entreprise et qu'il a appris à gérer son stress, le chef d'entreprise reconnaît : « Je me suis rendu compte ces derniers jours que quand je vois au loin un feu vert, j'accélère pour passer et quand je vois un feu au rouge, je ralentis pour attendre qu'il passe au vert avant d'arriver à sa hauteur ! »

CE QU'EN DIT LA RECHERCHE

Une étude originale (Langer, 1975) démontre ce phénomène de besoin de contrôle. Dans le protocole, on propose aux salariés d'une entreprise de participer à une tombola. Soit ils choisissent le numéro sur lequel ils veulent miser entre 1 et 50, soit ce numéro

> leur est attribué de façon aléatoire. Le résultat montre que les premiers sont beaucoup plus convaincus de gagner que les seconds au point d'être beaucoup moins nombreux à accepter de le revendre à un autre salarié lui en offrant un bon prix.

Le rôle que peuvent jouer les stéréotypes dans le sentiment de contrôle vient d'une préférence pour l'explicable face à l'inexplicable, pour le connu face à l'inconnu, pour le routinier face au novateur. Plus nous répétons ce qui nous est familier, plus nous respectons les normes et les règles qui ont fait leurs preuves, plus nous reproduisons les schémas qui nous sont transmis et plus nous avons le sentiment de contrôler la situation.

Or les stéréotypes sont des représentations partagées et transmises. Ils sont construits dans et par les normes sociales qui régissent l'environnement dans lequel nous évoluons. Reproduire les stéréotypes revient à préférer le connu, à respecter des règles et à reproduire des schémas. Il y a donc une composante très rassurante dans leur utilisation. Les mettre en doute reviendrait à s'aventurer dans un monde nouveau et inconnu, donc potentiellement incontrôlable et anxiogène.

Comment cela se traduit-il à l'échelle de l'entreprise ? La reproduction des stéréotypes est une absence de prise de risques. Et plus la situation est tendue, plus les initiatives innovantes sont risquées et peu valorisées. Si une entreprise a toujours recruté dans les trois écoles de commerce parisiennes, il sera difficile pour un recruteur de s'aventurer à aller chercher un master 2 d'une université. Et sans aller jusque-là, il ne regarde même pas les CV des autres écoles de commerce au-delà des trois parisiennes. Mais comment le blâmer s'il est isolé dans un système ? En effet, s'il recrute un HEC qui ne fait pas l'affaire, il ne sera pas remis en cause car il aura respecté le protocole et on expliquera cette erreur de casting par l'attitude du recruté uniquement. En revanche, s'il prend le risque de recruter de façon atypique et que cela débouche sur un échec, on l'attribuera à son incompétence dans son rôle de recruteur. Il choisira donc tout naturellement et de façon automatique de reproduire un système partiellement bâti sur des stéréotypes qui, pour certains, reposent sur un système de valeurs totalement dépassé.

En outre, le sociologue Geert Hofstede (1986) a mesuré la dimension culturelle de la prise de risque. La France occupe une des dernières places du classement mondial, loin derrière certains pays asiatiques ou anglo-saxons. Il est probable que l'ancienneté de notre culture et la solidité de ses fondements, ainsi que le poids de nos institutions, font de la France un pays dans lequel la prise de risque n'est pas valorisée socialement, ce qui complique encore la remise en cause des stéréotypes. Deux éléments qui, en France, effraient les recruteurs : les « trous » dans le CV et le nombre important de postes occupés. Quand un candidat a un trou de douze mois dans un CV, on s'inquiète aussitôt de savoir s'il est encore en phase avec le rythme et la culture du monde professionnel. Comme s'il suffisait d'un an pour devenir un « Vendredi » sur une île ! Même chose quand on s'aperçoit qu'un junior a occupé trois postes en cinq ans. On fait aussitôt l'interprétation qu'il s'agit d'un instable et qu'il va forcément repartir au bout de dix-huit mois. La même situation aux États-Unis ou en Grande-Bretagne pourrait être interprétée tout autrement : le candidat sera alors perçu comme mobile, volontaire et déterminé à trouver ce qui lui convient le mieux.

chapitre 7

Dans quelle mesure les stéréotypes nuisent-ils à la performance ?

Le concept de stéréotype a toujours suscité un très fort intérêt à la fois dans la communauté scientifique et dans des cercles d'action et de réflexion plus idéologiques ou politiques. Les scientifiques y voient un objet utilitariste de travaux permettant d'explorer les déterminants sociaux, émotionnels et psychiques des conflits. Mais de fait, ces travaux portent quasi exclusivement sur les stéréotypes négatifs et leurs méfaits. Il y a donc une dimension éthique qui colle à la peau de ce courant de recherches. De leur côté, les associations, les politiques et tous les acteurs militants abordent la question des stéréotypes sous l'angle dévastateur qu'ils représentent pour le lien social, la communication et les conflits entre les communautés. La dimension morale et éthique est donc également indissociable de ces actions.

Depuis quelques années, l'arrivée de la réflexion sur les stéréotypes dans les entreprises donne un nouvel élan à cette notion. En effet, l'entreprise est un acteur du tissu sociétal mais sa vocation première n'est ni la compréhension scientifique d'un problème, ni la résolution d'un phénomène social si préjudiciable à la cité soit-il. L'entreprise est un système qui repose sur la performance, le succès d'un travail sur les stéréotypes dans ses murs doit s'appuyer sur cet enjeu de performance.

Il est donc indispensable de se poser la question du lien qui existe entre stéréotypes et performance. En effet, l'entreprise est un lieu de vie et d'échanges ne devant pas laisser place aux idéologies ou à tout acte de prosélytisme quel qu'il soit. Pour autant, une entreprise a la possibilité (et de plus en plus l'obligation) de défendre des valeurs. Donc, elle peut s'engager dans une démarche éthique. On voit poindre une nouvelle complexité avec, d'un côté, une démarche business orientée vers la performance et, de l'autre, des enjeux sociétaux qui pénètrent les entreprises et face auxquels elles ne peuvent pas rester muettes tant elles jouent un rôle important sur la vie dans la cité. Si cette complexité n'est pas traitée, elle peut donner lieu dans certaines entreprises à une attitude parfois schizophrène entre des valeurs affichées en haut, des drapeaux vigoureusement brandis et un mode de fonctionnement interne en totale contradiction avec celles-ci. Il existe trois réactions face à ce paradoxe mais une seule solution efficace.

La première est de faire le dos rond face à ces valeurs émergentes, de garder un cap uniquement business en ignorant les évolutions sociétales liées aux mentalités, et surtout à la diversification de la population active et des méthodes de travail. On ne peut pas, aujourd'hui, ignorer à la fois une évolution structurelle changeante de la population active (féminisation des métiers, allongement de la durée du temps de travail, mixité ethnique, visibilité du handicap...), et une évolution des mentalités dans les valeurs associées au travail de cette même population active. On ne traite pas la question des stéréotypes mais, dans le même temps, les acteurs de l'entreprise et les appétences changent. De fait, on court aux conflits et aux blocages pour n'avoir pas anticipé ces changements.

La deuxième consiste à embrasser la cause de la diversité de façon militante, avec des motivations exclusivement éthiques, sans se soucier de la performance individuelle et collective. C'est une posture rare et, à terme, contre-productive car elle risque d'amener l'entreprise à se déconnecter de ce qui fait sa force : la promotion des talents. Si on veut à tout prix promouvoir la diversité avec l'unique objectif de l'égalité des chances et de la promotion des minorités, on peut consciemment (ou pas) perdre en performance en s'imposant des quotas abusifs ou en basculant dans des stéréotypes « à l'envers ».

La troisième voie est la seule qui soit pertinente. Elle permet de résoudre le paradoxe entre éthique et performance en les faisant agir ensemble dans un modèle leur permettant de s'alimenter mutuellement. On gagne en maturité sur les stéréotypes afin de repérer, recruter et faire progresser les talents, quels qu'ils soient. De cette façon, on garantit une égalité des chances dans un modèle centré sur la gestion des talents et la performance. Éthique et performance ne sont pas deux objectifs antinomiques mais bien deux facettes complémentaires et nécessaires à la bonne marche des entreprises. Ils sont totalement indissociables et doivent être envisagés, à tous les étages de l'entreprise de façon indissociée.

Et dans la vraie vie

Prenons l'exemple du congé maternité. Dans la majorité des entreprises, la grossesse est quasiment vécue comme une trahison puisque souvent annoncée à son chef hiérarchique par la fameuse phrase : « Je ne sais pas si tu vas être content mais... » Faire évoluer les stéréotypes et les idées reçues sur le congé maternité permet de l'envisager autrement que comme une contrainte, tout en délivrant aux futurs parents un message positif. Ainsi, on peut imaginer qu'une bonne gestion de la parentalité génère une forme de bien-être au travail et, ainsi, une forme de fidélisation et d'engagement dans l'entreprise.

C'est le pari fait par une entreprise de l'industrie alimentaire. Lors d'une séance de *brainstorming* avec les membres du CODIR, on a posé la question suivante : « Essayez de faire la liste des avantages du congé maternité pour notre entreprise. » Stupeur et tremblements dans la salle ! Mais c'est quoi cette question ! Comment cela pourrait-il être un avantage d'avoir des femmes qui partent en congé maternité ? Passé le sentiment d'incongruité de la question, on commence à réfléchir. On essaye de sortir des stéréotypes pour porter un éclairage tout différent sur cette question. Les idées commencent à émerger. Avoir des enfants est, pour des parents, une étape cruciale de leur vie et une source de bonheur intense et, osons la comparaison, sans doute plus importante que la carrière professionnelle. Donc, si la grossesse se passe bien, si elle est acceptée, si on lui reconnaît une place fondamentale et non stigmatisée, on crée les conditions d'un bien-être personnel et, par extension, professionnel.

Sur cette base, cette entreprise décide de mettre en place un dispositif coûteux à court terme mais dont l'objectif est d'envoyer un message fort aux familles. On propose le temps partiel sans baisse de salaire à celles qui le souhaitent dès la grossesse officiellement déclarée. On laisse la future mère proposer un dispositif réaliste de télétravail, on crée une crèche dans l'entreprise, on met en place un dispositif qui facilite la vie de tous dans l'entreprise pendant les mois d'absence de la collaboratrice. Toutes ces actions ont un coût mais elles procurent aux futures mères un fort sentiment de reconnaissance. En outre, la psychologie moderne nous montre depuis quelques années l'impact de la qualité de la grossesse sur l'état psychologique de la mère et du futur enfant et sur la réduction des risques de maladie psychosomatique.

Pour revenir à notre propos, la bonne posture est d'aborder la question des stéréotypes en entreprise avec cette double approche éthique et performance. La dimension éthique est une conviction, elle n'a donc pas à être démontrée. En revanche, et précisément parce qu'il n'y a pas de raison de penser que la lutte contre les stéréotypes fasse consensus d'un point de vue moral, il est absolument nécessaire de démontrer l'impact négatif des stéréotypes sur la performance si on veut faire changer les mentalités et les pratiques.

Un risque de discrimination privative de talents

On a vu comment les stéréotypes peuvent conduire à la discrimination si on les laisse agir et, bien sûr, le recrutement reste la partie la plus visible de l'iceberg même s'il ne concerne pas tous les critères de la même façon. Les stéréotypes actifs consistent à bloquer l'entrée dans l'entreprise à des populations ou des profils perçus comme incompatibles. Ces stéréotypes reposent sur des « traditions » et des pratiques qui deviennent obsolètes tant la population active change et évolue depuis quelques années.

D'une part, la féminisation des formations et des métiers fait que les femmes représentent aujourd'hui 51 % de la population active. Et compte tenu des différences de niveau scolaire grandissantes dès l'école primaire, on peut imaginer que ce taux va encore grimper mais, surtout, qu'il va concerner dans les années à venir une population active très diplômée et plus orientée vers des métiers traditionnellement masculins.

D'autre part, l'allongement de la durée du temps de travail fait que les entreprises ne peuvent plus traiter les salariés de plus de 50 ans comme elles l'ont fait jusqu'à présent. Quand il reste dix à quinze ans de carrière, on peut s'engager dans une logique à long terme de recrutement de ressources externes et de formation des ressources internes.

La mixité ethnique grandissante, le brassage des cultures, bien réel dans les sociétés occidentales, ainsi que la facilité des flux migratoires lors des études font que la population des juniors qui arrivent aux portes de l'entreprise est aujourd'hui plus diversifiée et cette tendance ira forcément en augmentant.

La démocratisation des études supérieures est une tendance future sur laquelle il faudra miser. Trop souvent accusées de discrimination sociale en fonction de l'origine des parents et, à juste titre, si l'on regarde les statistiques des écoles payantes, les politiques de mixité sociale sont enclenchées dans l'enseignement supérieur de façon plus ou moins directive. On pense au dispositif d'action positive déployé par l'IEP Paris depuis plus de dix ans, mais toutes les grandes écoles s'engagent aujourd'hui dans cette voie. L'augmentation des bourses d'étude et surtout le nombre grandissant de contrats d'apprentissage permettant à de jeunes gens issus de milieux défavorisés de faire des études normalement coûteuses diversifient également la population entrante dans l'entreprise.

Enfin, la visibilité et la banalisation lente mais bien réelle du handicap, associées aux contraintes financières qui pèsent sur les entreprises, ont fait entrer un très grand nombre de personnes en situation de handicap dans les entreprises de façon directe ou indirecte (+ 60 % depuis environ dix ans selon l'AGEFIPH).

Tous ces arguments témoignent à quel point la population entrante dans les entreprises se modifie de façon durable et que le vivier de recrutement sera de plus en plus hétérogène dans les années à venir. De fait, les stéréotypes peuvent représenter un frein considérable dans la capacité des entreprises à s'adapter à cette nouvelle donne. Si une entreprise continue à appliquer des critères stéréotypés dans son mode de recrutement, elle risque de se priver d'un éventail de plus en plus grand de talents aujourd'hui atypiques mais qui le seront de moins en moins dans les années à venir. Mais certaines entreprises ne perçoivent pas le danger d'une politique autiste qui se replie sur des pratiques anciennes. Elles considèrent que l'éventail des possibles reste large dans la mesure où ces populations atypiques tapent à leur porte et qu'elles ont toujours la possibilité de choisir. Ce n'est que partiellement vrai. Les plus diplômés des candidats sont sélectifs et la guerre des talents qui s'annonce dans les années à venir compte tenu de la démographie risque de les mettre de plus en plus dans une posture de choix. Si les entreprises engagées sur le terrain de la diversité sont de plus en plus visibles, celles qui ne font pas ce choix le seront de moins en moins. Les procès pour discrimination, l'absence de visibilité sur le terrain de la diversité sont autant de facteurs qui conduisent certains candidats, atypiques ou pas, à se détourner de ces entreprises. Alors oui, elles ont toujours un choix au moment du recrutement mais celui-ci se fera sur un éventail des possibles qui risque de se réduire comme une peau de chagrin. De fait, ces entreprises qui ne s'engagent pas sur le terrain d'un changement de mentalités risquent de se déconnecter de la réalité sociodémographique de la population active sans même s'en rendre compte puisque les candidats ne taperont plus à leur porte.

Vécu personnel

Un recruteur me dit un jour lors d'une formation : « On a toujours recruté de cette façon et on continuera à le faire puisque ça marche ! Pourquoi voudriez-vous que nous changions nos méthodes en diversifiant notre population entrante puisqu'elles sont efficaces ? » Mais comment le sait-il ? Le problème de tout diagnostic sur le recrutement, c'est précisément qu'on connaît les gens qu'on recrute, moins ceux que l'on refuse et pas du tout ceux qui ne candidatent pas.

Imaginons que nous déduisions de cent diplômés à bac + 5, celles et ceux qui sont habituellement victimes de stéréotypes à l'embauche, combien en reste-t-il ? Retirons les femmes, les étrangers, les Français issus de l'immigration, les jeunes issus d'une origine sociale faible, les universitaires, les personnes en situation de handicap, les homosexuels et les lesbiennes, les banlieusards et les personnes perçues comme physiquement peu attractives, combien en reste-t-il ? Et nous n'avons utilisé que neuf critères de discrimination sur les vingt que compte la loi !

Un cloisonnement en communautés et des conflits qui en découlent

On a vu dans la partie sur l'activation automatique que le recours aux stéréotypes dépend fortement de la disponibilité mentale de cette information dans notre cerveau. Si la catégorie est facilement accessible, on a d'autant plus de facilité à l'utiliser pour communiquer et évaluer. De fait, plus les stéréotypes sont forts dans une entreprise, plus les groupes existent de façon saillante.

Il est impossible et inutile de chercher à nier les différences et à se fondre dans un modèle assimilationniste cultivant l'illusion que l'égalité de traitement doit passer par le déni des différences. Nous sommes tous uniques et cette unicité est la résultante de notre histoire de vie, de notre singularité mais aussi de la combinaison des groupes auxquels nous appartenons avec une intensité d'identification plus ou moins forte.

CE QU'EN DIT LA RECHERCHE

M. Zavalloni (1984) définit l'identité comme le produit de nos groupes d'appartenance et elle fait la démonstration que chacun d'entre nous peut se définir sur une matrice assez stable de huit groupes essentiels dont le sexe, l'âge, la profession, le statut familial, la religion ou encore la nationalité. Pour autant, deux personnes peuvent appartenir exactement aux huit mêmes groupes sur cette matrice, cela ne fait pas d'eux des clones interchangeables. Ce qui va définir notre identité propre, c'est la propension de chacun à s'identifier à chacun de ces groupes et à considérer la contribution qu'ils ont dans l'image que nous avons de nous-mêmes.

Nous attribuons donc tous une valeur identitaire différente à chacun des groupes auxquels nous appartenons. Ainsi, en croisant les différents degrés d'identification et l'ensemble de nos groupes d'appartenance, on aboutit à un nombre infini de possibilités donnant lieu à notre identité propre.

Il est donc possible dans l'entreprise de faire exister les différences, sans les nier, mais sans chercher non plus à les rendre trop fortes ou trop saillantes. Il convient de trouver un juste équilibre entre une unicité n'empêchant pas le partage et un partage préservant l'unicité. Si le fait d'être un homme est particulièrement valorisé dans une entreprise, avec de vraies différences de traitement, une communication très masculine, des codes managériaux et langagiers très orientés vers un modèle masculin et une distribution des postes faisant apparaître de vraies différences, il y a toutes les chances que le sexe devienne une composante saillante de l'identité professionnelle des salariés. Et, par voie de conséquence, ce découpage des salariés en deux grandes catégories de sexe risque de faire exister des stéréotypes forts entre les deux groupes. À l'inverse, plus un environnement professionnel est assexué et égalitaire, moins l'identité femme/homme sera pertinente et moins les stéréotypes risquent de devenir des critères d'évaluation ou de communication.

Les stéréotypes sont donc à la fois la cause et la conséquence d'une répartition des salariés d'une entreprise en sous-groupes rendus saillants et générant un principe d'étiquetage. À la fois les stéréotypes génèrent des constructions identitaires sur des catégories (sexe, âge, nationalité...), et à la fois ces catégories génèrent des stéréotypes quand elles sont renforcées par des dispositifs précis.

Un bon exemple concerne le *mentoring*. Classiquement, il s'agit d'un accompagnement proposé à des salariés qui en éprouvent le besoin pour faire du réseau, mieux assimiler les codes de l'entreprise et surtout, pour faire évoluer leur carrière. Le principe est de constituer des binômes composés d'un-e mentor-e et d'un-e mentoré-e. Le mentor est un homme ou une femme, occupant en général une position N + 2. C'est toujours un volontaire que l'on associe à un-e mentoré-e sur la base de son expérience professionnelle, de sa connaissance de l'entreprise et/ou du degré de « fit » entre les deux personnes. Ce dispositif resserre les liens sociaux, accompagne une personne dans le besoin et renforce la pratique d'un expert de l'entreprise. C'est l'illustration parfaite d'un modèle gagnant-gagnant. Mais les deux questions indissociables qui se posent à toutes les entreprises qui se lancent dans ce genre de dispositif sont de savoir comment positionner ce dispositif et à quel public le destiner ?

Quand le *mentoring* est réservé aux femmes, il est souvent associé au réseau et souvent assorti d'un objectif de féminisation du top management. Cela peut poser plusieurs problèmes. D'une part, le fait de le réserver aux femmes rend explicite même si ce n'est pas dit, que ce sont les femmes qui ont davantage besoin, dans l'entreprise, d'être accompagnées. Dès lors, on ne maîtrise pas les interprétations qui peuvent être faites d'un tel message institutionnel. Au mieux, cela acte le fait qu'elles sont victimes de discrimination, au pire, cela officialise l'idée qu'elles sont inférieures aux hommes dans la mesure où l'on considère qu'elles ont besoin d'être aidées. Donc, cela peut stigmatiser les femmes dans une posture faible, ce qui peut légitimer, voire renforcer, les stéréotypes négatifs que certains hommes peuvent avoir à leur égard et peut « bloquer » certaines femmes dans leur posture car elles ressentent qu'on dénie leurs capacités. D'ailleurs certaines femmes refusent ce genre de dispositif au même titre qu'elles s'insurgent contre la journée du 8 mars qui s'appelle, une bonne fois pour toutes, « Journée de défense des droits DES femmes » et non « Journée de LA femme ».

Enfin, réserver le *mentoring* aux femmes revient à en exclure les hommes. Or il est évident que certains hommes peuvent ressentir ce besoin d'être accompagné. Mais comment peuvent-ils l'envisager dans un système où cela leur est interdit ? D'une part, ils ne profitent pas d'un dispositif qui leur permettrait d'évoluer, ce qui limite leur potentiel et nuit à la dynamique collective de la performance. Et d'autre part, sur un plan plus psychologique, ils peuvent vivre leur besoin d'être aidés comme une « faiblesse » non conforme à l'image qu'ils sont censés confirmer et transmettre de l'homme.

Et dans la vraie vie

Cédric se dit : « J'aurais bien aimé avoir un mentor, dommage que cela ne soit pas possible. » Mais en réalité, ce que son cerveau peut percevoir comme message subliminal c'est : « En tant qu'homme, ce n'est pas normal d'avoir besoin d'être aidé. Cela signifie que je ne suis pas un vrai "mâle" conquérant, autonome et surconfiant » ! On imagine aisément comment cela peut impacter l'estime de soi et pousser Cédric à surjouer un rôle de mâle dominant pour compenser son image et à dénaturer sa personnalité et ses comportements.

Autre façon de faire, on installe le dispositif de *mentoring* dans une démarche « talent ». On part du principe que, dans l'entreprise, il existe des personnes qui, pour des raisons diverses, peuvent ressentir le besoin d'être accompagnées. Et on ouvre le dispositif à l'intégralité des personnes qui pourraient en avoir besoin et en feraient la demande. Ainsi, on envoie le message clair que l'entreprise veut faire monter en compétences toutes les personnes qui en auraient la volonté, sans message subliminal associant ce besoin à une catégorie en particulier. Quand elle est possible, cette option semble bien plus pertinente car, d'une part, on délivre un message sur les seules compétences et, d'autre part, on n'exclut et on ne stigmatise personne.

Il se trouve que les entreprises qui optent pour cette solution font un constat intéressant : quand le *mentoring* est ouvert à tous, la grande majorité des demandes émane des femmes. Donc, sans étiqueter la démarche, on accompagne bien majoritairement des femmes. On manage la diversité, on tend vers une égalité de traitement mais sans stigmatiser les femmes et sans frustrer les hommes. En somme, on avance « masqué » en faisant de la diversité sans le dire. Et accessoirement, on rend service à certains hommes qui osent braver l'interdit et qui pourront monter en compétences comme les autres.

Quelles sont alors les conséquences d'un découpage des salariés dans des catégories rendues saillantes par les valeurs et les dispositifs ? On verra plus loin les dangers individuels d'une telle démarche avec la stigmatisation et l'autocensure mais il est clair que l'existence de communautés plus ou moins symboliques est l'étape ultime avant les conflits. On a vu (chapitre 5) qu'en dépit de toute compétition, le simple fait de partager une population en deux groupes disjoints fait émerger une conscience identitaire de groupe et génère potentiellement des conflits entre ces groupes.

Quand il y a conflit, c'est toujours parce que le contexte a permis l'existence de ces groupes et qu'il a donné du sens à ces différences. Ces oppositions sont souvent le fruit d'une répartition en communautés disjointes (manque d'objectifs communs, pas les mêmes rémunérations, les mêmes bureaux, les mêmes réunions...) et d'une relative absence de concertation entre les différents corps. Plus les liens sont distendus, moins les acteurs travaillent ensemble et plus les stéréotypes sont opérants.

Un mal-être au travail pour tout le monde

Le lien entre bien-être au travail et performance est un thème très en vogue et il soulève des questions de fond sur les relations que nous entretenons avec le travail (pour une revue de questions détaillée, voir le rapport de la Fabrique Spinoza, 2013). Ce sentiment de bien-être au travail se compose de trois éléments essentiels : la qualité du rapport au travail et à l'organisation (contenu et organisation du travail, degré d'autonomie...), la qualité des relations sociales (partage culturel, fluidité de la communication...) et le respect des personnes. Ce dernier aspect repose sur l'importance d'avoir une bonne image de soi (reconnaissance du travail effectué, sentiment de justice sociale...). L'image de soi est donc un élément essentiel permettant à tout salarié de travailler dans des conditions favorables, de s'engager pour son entreprise et de se projeter dans sa carrière. Or on a vu avant dans ce chapitre à quel point l'image de soi dépend de la valeur sociale attribuée aux groupes auxquels on appartient. Alors que se passe-t-il si l'on est la cible de stéréotypes négatifs ? Comment imaginer que ces stéréotypes ne puissent pas impacter négativement l'image de soi et par là même le sentiment de bien-être au travail ? Les stéréotypes négatifs peuvent, en effet, affaiblir la capacité d'avoir une image de soi positive, peuvent réduire toute appétence à s'engager et à se projeter et, pire, peuvent conduire à un état de mal-être psychique.

Illustrons ce lien entre stéréotype et mal-être par un exemple *a priori* anecdotique mais en réalité très symptomatique, celui des surnoms. Jérôme est le Noir de l'équipe, et ses collègues le surnomment « Oncle Ben's ». Élodie, quant à elle, est « Miss Monde ». Sous couvert d'un humour partagé par l'ensemble de l'équipe composée très majoritairement d'hommes blancs, on projette deux stéréotypes assez durs. L'indigène souriant et gentil mais un peu limité et la jeune et jolie femme superficielle.

CE QU'EN DIT LA RECHERCHE

Dans une étude menée par L. Roberson (2003), on a interrogé cent soixante-six salariés noirs évoluant dans des équipes uniquement composées de blancs. Les résultats mettent en évidence deux effets directs : un sentiment très fort de stigmatisation des personnes interrogées par rapport à des situations où la répartition Blancs/Noirs est moins déséquilibrée et, surtout, des stratégies d'autocensure dans la façon par exemple d'éviter les demandes directes auprès du supérieur ou des collègues.

Première réaction : le refus

Mais si on réagit ainsi dans un contexte où on est le seul à s'insurger, qui, au final, est perçu comme le « méchant » ? Le comique du groupe qui se défend aisément derrière son humour et sa bonhomie ou Jérôme qui laisse entendre qu'il manque d'humour ? Malheureusement, sa réaction peut se retourner contre lui et il peut finir par donner raison à la majorité. Jérôme n'est pas assez intelligent et bien trop susceptible pour comprendre que c'est une blague, CQFD. Quant à Élodie, si elle ne veut pas qu'on l'appelle comme ça, elle n'a qu'à venir travailler en pantalon et ne pas chercher à faire sa belle au lieu de travailler ! CQFD. Seul-e, impossible de réagir. Il faudrait trouver un soutien dans le groupe. Mais qui peut réagir ? Dans ce groupe, il y a une autre femme. Elle pourrait être un appui pour Élodie. Mais a-t-elle envie d'être solidaire ? Après tout, ce n'est pas elle qui est attaquée. Et tant qu'on s'en prend à Élodie, on la laisse tranquille. Mais si elle réagit aussi, le contre-pouvoir peut s'organiser. Deux personnes contre douze c'est peu mais c'est déjà une « minorité active ». Et, d'un seul coup, on a deux femmes contre les dix hommes. « Décidément les femmes manquent vraiment d'humour ! Elles doivent être sacrément frustrées pour réagir de cette façon ! » Immédiatement, les deux femmes sont devenues des féministes et elles ne comprennent rien, la preuve : aucun homme ne réagit. Alors oui, ce serait mieux qu'un homme intervienne mais peut-il le faire ? S'il ne partage pas l'humour de ses collègues, comment sera-t-il perçu par ses homologues masculins ? Un traître, un « faux-homme », un « pas drôle »... A-t-il envie d'être catégorisé de la sorte ? Pas sûr. Certains hommes qui réagiraient immédiatement, dans la sphère privée, si un ami noir ou si leur femme étaient taxés d'un tel surnom, ne parviennent pas à le faire dans la sphère professionnelle quand les stéréotypes sont habituels et banalisés.

Deuxième réaction : le renoncement

« Ils finiront bien par se lasser », « Je m'en fiche, je laisse couler », « J'ai tellement l'habitude que je n'y prête plus attention », ou encore pire, le fameux : « Oh ! c'est pas bien méchant. » Voici des réactions classiques découlant d'une forme de lassitude mais potentiellement moins neutres qu'on pourrait le penser. Ne pas réagir peut avoir trois conséquences néfastes pour tout le monde. D'une part, cela peut provoquer de la frustration chez Jérôme et Élodie qui ressentent un sentiment d'impuissance face à cette situation. Et la frustration est toujours génératrice de mal-être. D'autre part, l'absence de réaction (ou pire le fait de rire de façon faussement complice) peut être interprétée comme une forme d'acceptation. Par son silence, Jérôme reconnaît qu'il est encore prototypique du Noir bon vivant mais servile, et Élodie admet implicitement qu'elle attache trop d'importance à son apparence physique. Cela encourage les stéréotypes et favorise potentiellement l'autocensure. Enfin, cela peut banaliser la discrimination dans ses expressions les plus larvées. L'absence de réaction légitime les mauvaises blagues et réduit la capacité de tout le monde à s'insurger. Car le banal devient toujours le normal quand on le laisse s'installer.

Troisième réaction : l'uniforme

Dans ce cas, Jérôme et Élodie se disent qu'il s'agit de comportements qui attaquent une catégorie de personnes en général mais dont ils ne sont que les réceptacles dans un contexte donné. « Oncle Ben's » est un surnom donné aux Noirs en général mais pas à moi, et « Miss Monde » est l'expression d'un stéréotype envers les femmes étiquetées comme trop sexy mais ce n'est pas une attaque personnelle. Ainsi, on peut se dégager psychiquement de cette situation. Mais est-ce si simple et pourquoi le supporter ? C'est en effet tout sauf simple de toujours être capable de se dissocier d'une mauvaise blague, d'une remarque déplacée ou d'une attaque frontale sur son sexe, son âge ou sur la couleur de sa peau. Et surtout, pourquoi l'accepter ? Pourquoi doit-on endosser le rôle du représentant du groupe face à une critique fausse, une blague déplacée, ou une privation injuste de droits ? La technique de l'uniforme fonctionne un temps mais peut finir par faire basculer Jérôme et Élodie assez vite dans le deuxième scénario, celui du renoncement, dont on a montré l'inefficacité.

On comprend que ces trois réactions sont inefficaces, soit parce qu'elles débouchent de façon non consciente sur des dérives individuelles et/ou collectives, soit parce qu'elles ne fonctionnent qu'à court terme.

L'ÉTUDE IMS

Le volet sur le genre met parfaitement en évidence ce lien entre banalisation de la discrimination envers les femmes et les stéréotypes. Les femmes managers qui disent avoir déjà été victimes ou témoins de discrimination envers une ou plusieurs femmes sont celles qui expriment un degré de satisfaction au travail le plus faible. Sans surprise, le sentiment de discrimination impacte négativement le bien-être. Mais plus encore, ces femmes sont celles qui ont des stéréotypes les plus négatifs envers les hommes et... envers elles-mêmes. Plus elles sont victimes et moins elles s'apprécient ! C'est malheureusement une parfaite illustration de la façon dont elles internalisent ce qui est dit sur elles. Ne pas réagir, laisser faire revient à une forme d'acceptation inconsciente et passive mais dont elles payent les conséquences en termes de bien-être.

Les entreprises les plus masculines dans leur mode de fonctionnement sont celles dans lesquelles les surnoms, les mauvaises blagues, les mises à l'écart sont les plus répandus et donc les plus normalisés. Et c'est, précisément, dans ces environnements que le *turn-over* des femmes est le plus élevé. Elles ne réagissent pas car elles savent ou pensent qu'elles ne seront pas soutenues par leur direction compte tenu des valeurs clairement machistes en vigueur. Donc elles taisent leurs émotions, les internalisent et se retrouvent, tôt ou tard, dans une situation de mal-être. Pour en sortir, elles ont soit le combat, au risque de se masculiniser, soit la fuite, option à laquelle trop sont contraintes. À l'arrivée, l'entreprise laisse partir plus souvent et plus intensément les femmes que les hommes et se prive de talents, sans compter le coût que représente un turn-over important.

Et les hommes dans tout ça ? Comment vivent-ils le fait d'évoluer dans un environnement qu'ils perçoivent comme discriminatoires envers les femmes ?

L'ÉTUDE IMS

À cet égard, les résultats de cette étude sont surprenants. Les hommes managers qui déclarent considérer que leur entreprise pratique de la discrimination envers les femmes expriment des stéréotypes les plus négatifs envers les femmes et... envers eux-mêmes. Voilà deux résultats assez contre-intuitifs.

Puisqu'ils sont lucides sur la discrimination existant envers les femmes, on aurait pu s'attendre à une opinion compensatoire et bienveillante envers elles, prenant la forme d'un stéréotype positif. Pas du tout. En fait, ça fonctionne psychologiquement dans l'autre sens. « Puisqu'elles sont victimes de discrimination, c'est bien la preuve qu'elles sont potentiellement moins performantes que les hommes et donc j'ai raison de penser ce que je pense d'elles. » On comprend que le stéréotype vient rationaliser un état de fait et ainsi le cercle est bouclé. Les stéréotypes conduisent à la discrimination et la discrimination rationalise et justifie les stéréotypes.

Mais l'effet le plus inattendu est le fait que le sentiment de discrimination envers les femmes se traduit également par un autostéréotype négatif, c'est-à-dire par une image plus négative des hommes eux-mêmes, comparé à celui des hommes qui ne considèrent pas évoluer dans un environnement professionnel discriminatoire. On retrouve probablement dans ce résultat une dimension de culpabilité, au moins chez certains hommes. Ils se jugent responsables, même indirectement, d'un système pensé et animé par eux, dans lequel les femmes sont victimes de discrimination. Et cela affecte l'image qu'ils ont d'eux-mêmes.

En résumé, les stéréotypes sont nuisibles à tous. Ils affaiblissent l'image de soi des hommes qui culpabilisent et l'image de soi des femmes qui internalisent. Personne n'y trouve son compte, le mal-être se répand et encore une fois, l'entreprise perd en investissement personnel et en performance collective. Messieurs, arrêtez de vous conformer à des standards virils et masculins dans lesquels vous vous reconnaissez de moins en moins. Les valeurs de la société changent et vous devez être acteurs de ce changement au même titre que les femmes qui s'engagent pour la défense de leurs droits. Mesdames, n'acceptez plus ces comportements en apparence anodins qui vous piègent dans des stéréotypes qui se banalisent. Pour autant, faut-il supprimer toute forme d'humour et faire de l'entreprise un lieu aseptisé et froid ? Bien sûr que non. Il faut juste apprendre à faire la différence entre les bonnes et les mauvaises blagues, entre les bons et les mauvais blagueurs. Et surtout, il faut permettre à l'humour d'être accessible à tous... et toutes.

Une rupture d'identification aux valeurs de l'entreprise

Même si c'est sur une échelle de temps incompatible avec celle d'une carrière, les inégalités se réduisent. Malgré quelques poches de résistance phobique, l'homosexualité se banalise à la même vitesse que l'homophobie se réduit. Les personnes en situation de handicap ont davantage de facilités à parler de leur handicap car lui aussi est progressivement accepté. Nous avons parfois le sentiment de vivre des périodes de régression mais ce ne sont que des cycles courts sur une trajectoire irréversible. À l'échelle de son histoire, la société va dans le bon sens.

Pour autant, comment l'expliquer ? Deux phénomènes interagissant peuvent nous éclairer. Le premier est purement mécanique. Plus les acteurs de la société se diversifient, plus celle-ci est animée par des personnes habituellement victimes de stéréotypes, qui deviennent visibles. Et cette visibilité apporte des contre-exemples qui affaiblissent les stéréotypes.

Et dans la vraie vie

Timidement, le milieu de la politique est un bon reflet de cette visibilité grandissante. Nous n'en sommes pas à l'étape d'élire un président de la République issu de l'immigration maghrébine comme les États-Unis l'ont fait avec Barack Obama mais on voit une médiatisation grandissante des groupes habituellement stigmatisés. Une femme maire de Paris qui remplace un homme qui a très tôt rendu publique son homosexualité, des personnes issues de l'immigration dans les différents partis et gouvernements, un sénateur tétraplégique... Ce qui semble banal aujourd'hui aurait été une révolution il y a quelques années. Nous avons juste tendance à nous habituer au point de penser que les choses ont toujours été ainsi, ce qui est une réelle illusion perceptive.

Il reste davantage de progrès à faire que de progrès acquis mais si les valeurs de la société changent, elles construisent des jeunes gens dont les attentes et les représentations sont au diapason de cette nouvelle donne et qui espèrent bien retrouver cela dans les entreprises. On surestime selon moi les vertus silencieusement révolutionnaires de la génération Y mais il faut bien constater que toutes les études montrent une sensibilité particulière à des valeurs de développement durable, d'égalité, de solidarité qui s'expriment essentiellement à travers un attachement au tissu associatif car le monde politique ne sait plus les attirer. Mais ces Y ne constituent pas une génération spontanée. Ils sont issus d'un renouvellement des valeurs transmises aussi par leurs parents, les médias ou l'école. Donc c'est toute la société, à des rythmes variables, qui aspire à une quête de sens face à une vie sociale et professionnelle qui perd un peu le sien.

Le travail est un élément essentiel de notre quotidien et il est logiquement interrogé par cette quête de sens. Les études sur les éléments de satisfaction au travail mettent en évidence des évolutions notoires ces dernières années chez les jeunes diplômés. Si on remonte le temps, on s'aperçoit que leurs attentes se concentraient sur le salaire et la stabilité de l'emploi. Paradoxalement, alors que le contexte économique est plus instable et précaire que jamais, ces mêmes études aujourd'hui révèlent qu'ils attendent de leur entreprise une capacité à la réalisation personnelle et le respect de valeurs éthiques.

Les frontières entre la sphère professionnelle et la sphère privée se fragilisent et on ne dissocie plus la personne que nous sommes le week-end avec celle de la semaine. On attend que l'entreprise remplisse un rôle plus important dans l'accomplissement de soi. Du coup, on devient plus exigeant envers les valeurs car on attend qu'elles contribuent à notre épanouissement personnel. Nous sommes, donc, dans un paradoxe intéressant : d'une part, une crise de confiance envers le travail et l'entreprise associée à un contexte économique plus menaçant et, d'autre part, des attentes plus exigeantes envers notre identité professionnelle.

Quel rapport avec les stéréotypes ? Dans les valeurs attendues de l'entreprise, on retrouve trois axes dominants : le développement durable, le respect du travail dans les pays émergents, et les principes d'égalité des chances qui concernent directement les stéréotypes. On l'a déjà dit, au même titre que la population, en général, se diversifie dans ses modes de fonctionnement, la population active et consommatrice subit la même évolution.

Et dans la vraie vie

Prenons l'exemple des consommateurs. Il y a quarante ans, les spécialistes du marketing avaient la belle vie avec une segmentation assez simple des consommateurs. Les enfants n'avaient pas leur mot à dire et les personnes âgées étaient considérées comme « seniors » plus tôt qu'aujourd'hui et dans des conditions de dépendance plus importantes qui ne leur donnaient qu'un faible pouvoir de décision en matière de consommation. Quant aux couples, les achats étaient assez bien répartis : les femmes du côté des objets ménagers, des jouets et de tout ce qui touche à la sphère domestique et les hommes en charge des achats importants : la voiture et le logement.

Qu'en est-il aujourd'hui ? Les enfants sont devenus des vecteurs essentiels du processus d'achat. Le syndrome moderne de l'enfant roi a fait comprendre au marketing que les parents ne pouvaient rien refuser à leurs enfants, même en situation de crise. L'allongement de la durée de vie et l'autonomisation plus tardive des seniors leur ont donné un potentiel insoupçonné de consommation. Le marketing ethnique a également fait son apparition, on identifie des niches de consommation auxquelles on s'adresse avec des produits ciblés, comme c'est le cas dans le domaine de la cosmétique. Enfin, les doubles carrières, l'autonomie financière grandissante des femmes et l'évolution lente mais certaine vers la répartition des tâches entre les femmes et les hommes dans les foyers font que les femmes sont devenues des acheteuses non réduites à certains produits (*cf.* l'étude du Crioc, 2011).

L'industrie automobile est un bon exemple. Pour vendre des voitures, on ne vante plus les mérites de la puissance et de la vitesse maximum. On met en avant les airbags, le confort, et surtout on vend les voitures par l'intérêt qu'elles représentent pour toute la famille. La voiture est devenue un lieu de convivialité et non plus un objet de virilité. Tout ceci n'est qu'une réponse à une très forte hétérogénéisation structurelle des consommateurs.

Cette diversification des consommateurs est forcément proportionnelle à celle de la population active. Dans l'entreprise, si la population se diversifie, cela se fait par l'apparition et la visibilité de groupes autrefois minoritaires et/ou perçus comme des minorités. Ainsi, les stéréotypes ne concernent plus une infime partie des salariés d'une entreprise mais s'appliquent à tout le monde, si l'on croise les différents critères sur lesquels ils se transmettent. Ainsi, si tout le monde est concerné, cela devient une cause partagée.

Cela revient à dire que la sensibilité grandissante de tous pour l'égalité et le respect de chacun ne vient pas d'une velléité des dominants à protéger les plus faibles mais d'un glissement structurel faisant que les forces s'équilibrent en quantité et que l'on défend plus volontiers une cause quand elle nous sert que l'inverse. En clair, c'est plus simple de travailler sur l'égalité femmes/hommes dans une période où les femmes représentent 51 % de la population active que ça ne l'était quand elles n'étaient que 30 %. Même chose pour les personnes en situation de handicap, l'orientation sexuelle, ou encore l'origine ethnique.

La non-discrimination devient une valeur forte à laquelle les salariés sont attachés car ils sont de plus en plus nombreux à se sentir concernés. Mais peu importe la cause, le fait est qu'il s'agit d'une attente grandissante dans les entreprises et elles l'ont bien compris. Les stéréotypes excluent, créent du mal-être, stigmatisent, divisent et créent des conflits. Ces pratiques sont et seront de plus en plus en décalage avec les attentes et pousseront les salariés les plus sensibles ou le plus souvent victimes à se détourner de ces environnements. Ces entreprises devront donc se priver de talents et perdront ainsi en performance.

La communication externe surexploite aujourd'hui le levier de la diversité. Dans les années 1980, les publicités pour Benetton suscitaient des moqueries sur l'autel de la démagogie. Ce modèle est devenu un standard aujourd'hui pour toutes les entreprises. Et c'est parfois tout à fait explicite. Les entreprises s'annoncent

« handi-accueillantes », « ouvertes à la diversité », « détermi-
nées à promouvoir l'égalité femmes/hommes ».

Faut-il pour autant condamner de telles démarches ? Bien sûr
que non. Les stéréotypes représentent un enjeu réel pour les
entreprises et les actions destinées à limiter leur pouvoir de nuisance sont des outils puissants de développement et de performance. Mais la lutte contre les stéréotypes est à la mode et il ne
faudrait pas que l'engouement qu'elle suscite retombe aussi vite
qu'il est apparu. C'est l'efficacité de nos actions d'accompagnement qui permettra de répondre à cette interrogation.

chapitre 8

Les stéréotypes ont-ils le pouvoir de changer la réalité ?

Démonstration a été faite dans ce livre que les stéréotypes changent la perception des choses en utilisant des croyances et des idées reçues préétablies qui biaisent la nature des informations. Nous allons changer de dimension pour faire la démonstration que le pouvoir de nuisance des stéréotypes ne s'arrête pas là. Les stéréotypes ont aussi la capacité de changer la nature des comportements au point de créer une réalité qui est le fruit d'une projection inconsciente.

Les prophéties auto-réalisatrices : je savais qu'il n'y arriverait pas !

Le stéréotype n'est pas seulement un outil de perception de la réalité. Il nous arrive de projeter nos stéréotypes sur les gens au point de produire l'effet attendu. Dans le jargon scientifique, on appelle cela une « prophétie auto-réalisatrice » (PAR). Nous allons maintenant essayer de décliner cette mécanique sur les différents stéréotypes existant en entreprise.

Et dans la vraie vie

Damien prend le dernier métro dans un quartier de Paris peu réputé pour son calme. Il monte dans une rame totalement vide. À la station suivante, monte un jeune homme. Il est grand, le crâne rasé, porte un bombers, un jean serré, des rangers et un bracelet à clous. Immédiatement, Damien se dit : « Attention, *skinhead* ! ». Sans le vouloir, il exprime de façon non verbale un repli sur soi. Il se tourne vers la vitre, replie son manteau et rapproche sa besace de ses pieds. Il surveille le prétendu skinhead l'air de rien, croisant son regard de façon faussement accidentelle.

Au bout de quelques minutes, notre ami chauve se rapproche de Damien avec l'intention de lui demander l'heure. Damien panique, il se raidit et manifeste inconsciemment tous les indices non verbaux du stress. Son visage se ferme, il pince ses lèvres, replie ses bras sur lui-même et serre les poings. À la demande de l'inconnu, Damien répond qu'il n'a pas l'heure, il prétend n'avoir ni montre, ni téléphone portable, ce qui n'est guère convaincant. S'en suit une altercation sur l'incompréhension réciproque au cœur de cette rencontre. Au bout de quelques instants, notre prétendu skinhead s'énerve et met une claque à Damien.

Quand il arrive chez lui, voilà comment il raconte à sa compagne cette malencontreuse aventure : « Tu ne croiras jamais ce qui vient de m'arriver. J'étais assis dans le métro, tranquille, sans rien demander à personne et sous prétexte que je n'avais pas l'heure, un *skinhead* m'a frappé ! – Mais tu avais l'heure ? » demande la compagne perspicace. « Bah oui, mais j'ai quand même le droit de ne pas la donner. Ça ne justifie pas qu'on me frappe. Je savais bien que les skinheads sont des gens violents ! »

L'histoire ne dit pas si Damien a réellement eu affaire à un *skinhead* mais elle montre que, sans le vouloir, il a créé toutes les conditions pour déclencher l'agressivité de son interlocuteur.

Fort heureusement, les PAR n'interviennent pas dans toutes les situations d'interaction à deux. Il existe deux conditions qui accentuent les risques.

La première concerne la position des deux protagonistes. Les PAR sont particulièrement opérantes quand les positions des deux personnes sont asymétriques et que l'un des deux occupe une place « dominante » par rapport à l'autre. Cela concerne l'instituteur face à l'élève, ou encore le médecin face à son patient. Par le jeu des places hiérarchiques, l'entreprise est un cadre propice aux positions asymétriques entre les personnes. Donc le risque de PAR est fort du côté du recruteur face au candidat ou du côté du manager dans le cadre de l'entretien annuel d'évaluation.

La seconde condition concerne l'objectif de la rencontre. Les PAR sont fréquentes quand le but de cette rencontre est une évaluation unidirectionnelle de la part de celui ou celle qui occupe la place du « dominant ». Quand ces deux conditions asymétriques, finalement assez classiques en entreprise, sont réunies, alors on peut s'attendre à ce que les stéréotypes biaisent considérablement la nature de l'interaction sociale par le biais des PAR.

Vécu personnel

Sans m'en rendre compte, j'ai moi-même occupé la place du méchant qui discrimine il y a de longues années, quand je participais aux entretiens de recrutement pour un master de psychologie du lien social. Une candidate nous envoie une lettre de motivation dans laquelle elle écrit : « J'ai *acquéris* des compétences... » Sans être un extrémiste réactionnaire de l'orthographe, je propose à ma collègue d'écarter d'office cette candidature tant il me semblait qu'une telle faute dans une lettre de motivation était à la fois révélatrice d'un manque de culture et/ou d'implication. Ma collègue, plus rationnelle que moi, me fait remarquer que le CV est assez correct et que, hormis cette boulette, cette candidate méritait d'être entendue. On la reçoit donc mais inutile de vous dire que je ne suis alors pas disposé à lui faire le moindre cadeau. À peine installée, je la questionne : « Pardon Mademoiselle, nous allons parler de votre projet mais avant de commencer, j'aimerais que vous m'expliquiez comment vous pouvez faire une telle faute d'orthographe dans une lettre de motivation que vous envoyez à deux universitaires ? » (En vrai c'était moins violent mais quand même...)

À cette seconde précise, l'entretien est terminé car elle ne peut pas se remettre d'une telle question. Et effectivement, elle a totalement raté son audition en répondant toujours à côté, multipliant les erreurs et les trous de mémoire. À la fin, pas peu fier, j'ai donné un coup de coude à ma collègue en lui disant : « Alors t'as vu ! Je savais bien qu'elle n'avait pas le niveau ! »

Je ne saurai jamais si cette demoiselle était réellement nulle ou si c'est mon attitude qui l'a déstabilisée au point d'être passée à côté de son entretien (et si elle me lit, je lui présente toutes mes excuses). J'étais tellement persuadé de son inaptitude que j'ai, inconsciemment, créé toutes les conditions de son échec. J'ai projeté sur elle une prophétie qui s'est auto-réalisée. Et sans recul de ma part, je continuerais à penser aujourd'hui que l'orthographe est révélatrice du niveau intellectuel des gens.

Le phénomène des PAR a été maintes fois démontré depuis une trentaine d'années, et sur des dimensions très variées (voir par exemple Snyder, Tanke et Berscheid, 1977). L'illustration la plus ancienne et la plus convaincante concerne les capacités intellectuelles des enfants dans le cadre scolaire (Rosenthal et Jacobson, 1971). Il s'agit des travaux sur l'effet pygmalion qui montrent que les PAR peuvent aussi fonctionner de façon positive.

Dans cette étude très avant-gardiste, une psychosociologue teste l'hypothèse suivante : si un instituteur est convaincu de l'intelligence d'un de ses élèves, a-t-il le pouvoir, inconscient, de faciliter l'acquisition de compétences mentales, au point de le rendre réellement plus intelligent ? C'est ce qu'elle démontre dans un protocole où elle fait croire à des instituteurs de CP que certains élèves sont intellectuellement précoces sans que personne le sache, sur la base d'un test factice. La conviction de l'instituteur se vérifie puisque deux ans après, les élèves prétendument précoces sont réellement devenus plus intelligents que les autres. Au moment du débriefing, l'étonnement des instituteurs est total. Ils ne comprennent pas comment cela est possible dans la mesure où ils n'ont pas mis de dispositif pédagogique en place pour ces élèves. Mais ce n'est même pas utile. En matière d'encadrement scolaire, les PAR ne fonctionnent qu'au renforcement affectif. C'est une question d'attitude de la part de l'enseignant-e qui peut enclencher de la confiance par un renforcement positif, ou de la démotivation par un renforcement négatif.

Outre des démonstrations sur l'intelligence, l'agressivité ou même sur l'apparence physique, une expérience a démontré le fonctionnement des PAR dans une situation d'entretien de recrutement, sur des stéréotypes liés à l'origine ethnique et uniquement sur la base des comportements non verbaux des recruteurs.

Dans cette étude menée par Word et ses collègues (1974), on forme des acteurs pour mener de faux entretiens de recrutement dans le rôle du recruteur. On leur demande de toujours poser les mêmes questions dans le même ordre mais on les forme à envoyer aux candidats des messages non verbaux positifs ou négatifs. Cela se traduit par la distance mise avec le candidat, par la fréquence des contacts oculaires ou encore l'inclinaison du buste ou l'orientation des épaules. Le candidat est donc face à un recruteur qui projette sur lui des attentes positives ou négatives sur une simple base non verbale, c'est-à-dire non perceptible consciemment.

On enregistre la conversation et on la fait écouter à des personnes externes qui ne savent rien du protocole. On leur demande d'évaluer la prestation du candidat. Quand il est face à un recruteur qui se comporte de façon négative au niveau non verbal, il est jugé moins performant que l'inverse. On trouve qu'il est moins bon dans ses réponses, moins intelligent et moins sympathique. *A contrario*, quand le recruteur n'envoie que des signaux positifs, le candidat est perçu comme bien plus performant dans son entretien.

Dans la vraie vie, ce phénomène se produit souvent, mais ni le recruteur ni le candidat n'en sont conscients. D'une part, ils ne maîtrisent pas leurs comportements non verbaux et n'en connaissent que trop peu le sens et, d'autre part, ils n'ont pas conscience du flux intense d'informations échangées qui débordent du cadre de ce qui est dit.

La PAR ne peut se produire que sur la base d'une attente stéréotypée. Mais si c'est assez intuitif et facile à comprendre quand on l'explique avec l'exemple du skinhead dans le métro, c'est tout de suite plus compliqué dans le contexte de l'évaluation professionnelle. Et chose intéressante, on arrive à l'entendre dans le sens négatif mais plus difficilement dans le sens positif. Des recruteurs reconnaissent souvent lors des formations qu'ils sont conscients du pouvoir qu'ils ont lors de l'entretien pour déstabiliser et déconcentrer un candidat. Et ils comprennent bien que la performance faible lors d'un entretien n'est pas forcément révélatrice de l'incompétence intrinsèque du candidat.

Mais dans l'autre sens, le lien est beaucoup plus difficile à établir et à accepter. C'est en effet très dur de faire entendre à un recruteur ou à un manager qu'une prestation brillante d'un candidat lors d'un entretien, quel qu'il soit, peut être la résultante d'une PAR positive dont il a pu bénéficier. Si un candidat échoue, cela ne signifie pas qu'il est incompétent. Mais s'il réussit, cela ne signifie pas qu'il est compétent. Il a juste été performant dans un contexte donné et cette performance peut être fortement associée à la posture bienveillante et stimulante de son interlocuteur.

Et dans la vraie vie

C'est le cas classique de la cooptation dans les grandes écoles de commerce ou dans les écoles d'ingénieurs. Si le candidat a fait la même école que le recruteur, il est déjà en posture favorable avant même que l'entretien ne commence. Alors s'ils ont suivi les mêmes cours, ont eu les mêmes enseignants ou ont fait partie des mêmes associations, le candidat est déjà recruté alors qu'il n'est encore que dans le couloir. L'accueil sera différent et les relances sur les aspects positifs du CV plus prononcées. En toute bonne foi, le recruteur aura un sentiment très positif du candidat, sans mesurer à quel point il a lui-même créé toutes les conditions de cette opinion.

Il faut donc faire très attention aux biais positifs des PAR dans l'évaluation professionnelle, tant au niveau du recrutement que de la gestion de carrière. C'est dramatique pour un candidat ou un salarié d'être rejeté pour de mauvaises raisons et c'est préjudiciable pour l'entreprise car elle se prive de talents potentiels.

Mais c'est tout aussi problématique pour une entreprise de recruter ou de promouvoir une personne incompétente sur la base d'un contexte évaluatif qui la favorise grâce à des stéréotypes positifs à son égard.

De l'autostéréotype à l'absence de confiance : « Je savais que je n'y arriverais pas ! »

Les PAR ne se manifestent que dans une relation directe entre deux personnes. Elles concernent donc ce que nous avons appelé les hétérostéréotypes, c'est-à-dire ceux que nous avons envers des groupes auxquels nous n'appartenons pas.

Intéressons-nous maintenant aux autostéréotypes, images que nous avons de nos propres groupes d'appartenance. En fonction de la valeur sociale attribuée à chaque groupe, les autostéréotypes peuvent être positifs, neutres ou négatifs. Toutefois quand un autostéréotype est fortement négatif, cela risque d'impacter négativement l'image et l'estime de soi. Mais de fait, une estime de soi faible a des conséquences directes sur la confiance, réel moteur de l'implication dans sa carrière et de la performance par la prise de risques et d'initiatives. Il y a beaucoup de variables intermédiaires dans ce raisonnement mais on comprend bien le lien de causalité assez linéaire entre un autostéréotype négatif et une faible performance individuelle.

Or la valeur des autostéréotypes se construit au diapason des stéréotypes venant de l'extérieur. Si par exemple une entreprise véhicule et entretient, pour toutes sortes de raisons, des stéréotypes négatifs envers les femmes, on peut imaginer que certaines d'entre elles finissent par les internaliser, surtout s'ils sont cohérents avec les idées reçues plus largement partagées dans la macro-culture. Alors, une femme complice malgré elle d'un autostéréotype négatif envers les femmes peut avoir un degré de confiance en soi menacé et finir par devenir moins performante qu'un homme.

Vécu personnel

Voici l'exemple d'une situation réelle que j'ai connue dans une grande entreprise. Un poste de top manager est à pourvoir et le RH constitue une *short-list* de quatre hommes et une femme. Il appelle cette dernière pour lui dire qu'elle a, selon lui, les compétences pour occuper ce poste à hautes responsabilités. Cette dernière, très étonnée, répond qu'elle ne partage pas cet avis optimiste et considère qu'elle n'a aucune chance. En même temps, difficile pour elle de ne pas candidater face à une telle opportunité et surtout de contredire l'opinion du RH. Selon le protocole de cette entreprise, un petit-déjeuner est organisé par le N + 1 avec les cinq candidats potentiels. Nous avons donc autour de la table le N + 1 (un homme), les quatre candidats masculins et la candidate femme qui n'y croit vraiment pas. Du coup, elle n'ose pas prendre la parole et quand elle essaye on lui fait remarquer qu'elle ne parle pas assez fort (ce qui est ennuyeux si on veut manager une équipe de grande taille !). Alors, peu à peu, elle sort de la conversation et laisse ses homologues masculins occuper le terrain.

Alors bien sûr elle n'a pas eu le poste. Mais c'était couru d'avance. Le RH n'aurait jamais dû insister d'ailleurs. Face à un tel manque de confiance, il aurait mieux fallu travailler avec elle sur cette question et mieux la préparer pour une éventuelle prochaine fois au lieu de la mettre dans une situation vouée à l'échec qui, en plus, risque d'affaiblir encore plus la confiance qu'elle a en elle-même. Et pour vous convaincre du pouvoir néfaste que peuvent avoir les autostéréotypes sur la confiance en soi, sachez qu'au beau milieu du petit-déjeuner, cette femme s'est sentie tellement inutile et pas à sa place qu'elle s'est levée pour resservir des cafés à tout le monde ! CQFD.

Et dans l'autre sens ? Un autostéréotype positif peut-il être préjudiciable ? La question se pose car si on a une image très positive d'un groupe auquel on appartient, cela devrait se traduire par une forte confiance en soi et donc de la performance. Oui et non. La confiance en soi n'est pas une variable linéaire. Il existe un seuil au-delà duquel on bascule dans une surconfiance qui nous aveugle et nous pousse à prendre des décisions déraisonnées car non confrontées aux alternatives ou aux avis divergents. La surconfiance liée à un autostéréotype positif est caractéristique des « favoris ». Attention danger !

Enfin, il existe quand même quelques vertus au fait d'avoir un autostéréotype positif. Dans l'excès, il devient source d'erreur, mais il va de soi que le fait d'avoir une image positive et valorisée du groupe auquel on appartient est un facteur de bien-être et d'engagement. Les stratégies autour de la marque employeur ont pour objectif de valoriser, d'engager et de motiver les salariés par la notoriété.

CE QU'EN DIT LA RECHERCHE

Des études montrent qu'un autostéréotype positif peut avoir des effets positifs, y compris au niveau physique. Sur une période de vingt-cinq ans, B. R. Levy et ses collègues (2002) ont réalisé une étude longitudinale stupéfiante sur six cent soixante participants hommes et femmes de plus de 50 ans au début de l'étude. On a comparé le taux de mortalité avec les réponses données au début de l'étude sur l'image des seniors. Les résultats montrent que les sujets qui avaient la vision la plus positive du vieillissement (maturité, sagesse...) ont vécu en moyenne 7,5 années de plus que les autres !

Du métastéréotype à l'autocensure : ils ne me croient pas capable d'y arriver !

Enfin, et toujours sans confrontation directe avec une tierce personne, les stéréotypes peuvent impacter notre performance et notre capacité à nous projeter. Cela concerne les métastéréotypes, qui sont une forme moins intuitive mais tout aussi puissante des stéréotypes. Le métastéréotype correspond à l'image que nous avons des stéréotypes que les autres ont sur nous. Quand un Parisien dit : « De toute façon, en province on n'aime pas les Parisiens », il exprime un métastéréotype négatif car c'est l'image qu'il se fait du stéréotype existant envers les Parisiens. Là encore, un métastéréotype peut être positif (quand on pense que les autres nous apprécient) ou négatif (quand on pense que les autres nous mésestiment).

Et dans la vraie vie

Victor est responsable de la mission handicap dans une grande entreprise. Il est persuadé que le handicap n'intéresse personne dans l'entreprise et que sa fonction est inutile aux yeux de ses collègues. Il aura donc un métastéréotype négatif qui risque de le mettre dans une posture délicate et peu importe qu'il ait tort ou raison. Ce sera compliqué pour lui de défendre ses actions, de solliciter des budgets ou d'organiser des événements autour du handicap. Il risque de s'autocensurer, c'est-à-dire de s'interdire toute projection de soi dans des initiatives. De fait, il peut, indirectement, donner raison à ceux qui expriment un stéréotype négatif envers les membres de la mission handicap car l'immobilisme que Victor s'impose confirme cet état de fait.

C'est ce qu'on appelle en psychologie sociale la « menace du stéréotype » (pour une revue de questions détaillée, voir Croizet et Leyens, 2003). Les expériences sur la menace du stéréotype sont nombreuses ces dernières années et reposent quasiment toutes sur le même principe. On mesure la performance de sujets à une tâche intellectuelle ou cognitive en les plaçant ou non dans une situation menaçante au regard du métastéréotype existant. Par exemple, on propose une tâche de mémoire à des personnes âgées (Lévy, 1996). On demande l'âge des participants avant le test de mémoire ou juste après. Les premiers sont en situation de menace car le fait d'évoquer leur âge active le métastéréotype selon lequel plus on est âgé, plus les autres pensent que l'on perd la mémoire. Le résultat est sans équivoque : les sujets qui mentionnent leur âge avant le test ont une performance de mémoire inférieure aux autres.

Même démonstration concernant l'origine socioculturelle. Des étudiants de l'université de Grenoble sont soumis à un test de compétences intellectuelles (Croizet et Claire, 1998). Outre le test, on soumet tous les sujets à un questionnaire dans lequel ils sont invités à mentionner la profession de leurs parents. Ce court questionnaire est proposé avant ou après le test. Là encore, les étudiants dont les parents sont d'un niveau social faible sont placés indirectement dans une situation menaçante par rapport à ceux dont les parents occupent des fonctions professionnelles plus prestigieuses. Les résultats sont cohérents avec ceux de la première étude : quand les sujets mentionnent la profession des parents après le test, on n'observe aucune différence de performance intellectuelle entre les enfants d'ouvriers et de cadres. En revanche, quand les sujets sont tenus de mentionner la profession des parents avant le test, les enfants d'ouvriers sont moins performants que les enfants de cadres.

Ce phénomène fonctionne sur l'origine ethnique avec un protocole légèrement différent (Steele et Aronson, 1995). On s'appuie sur le stéréotype existant aux États-Unis envers les

Afro-Américains selon lequel ils ont une intelligence analytique inférieure aux Blancs. Les Afro-Américains connaissent bien ce stéréotype existant envers eux. On invite alors un échantillon homogène d'une université américaine, Blancs et Afro-Américains, à participer à un test. On explique à la moitié d'entre eux qu'il s'agit d'un « simple exercice de laboratoire » (condition neutre) et à l'autre moitié qu'ils vont être soumis à un « test d'intelligence » (condition menaçante pour les Afro-Américains). Tandis qu'on n'observe aucune différence de performance dans la condition neutre, les Afro-Américains échouent au test aussitôt qu'on leur dit qu'il s'agit d'une mesure de leur intelligence. C'est comme les redoublants auxquels on demande de lever la main le jour de la rentrée des classes. On leur colle un post-it « échec scolaire » sur le front et ils le garderont toute l'année. Ils réussiront peut-être leur année mais ne pourront pas être au top de leurs compétences du fait de ce stigmate qu'on leur impose.

Vécu personnel

Pendant ma thèse, je faisais du recrutement dans un grand groupe de distribution. J'étais chargé de recruter le personnel saisonnier pour des postes de magasiniers. Autant dire que nous recrutions des gens très jeunes, déscolarisés très tôt, et avec un CV quasiment vide une fois passées l'adresse et la situation militaire. Pour les recruter, on commençait par les soumettre à des tests d'aptitude intellectuelle. Le protocole était ainsi fait avant mon arrivée et j'avoue avoir pris la fuite trop vite pour avoir le temps d'essayer de le changer. Imaginez dans quel état se trouve un jeune de 16 ans, définitivement fâché avec l'école et persuadé qu'on le perçoit comme un idiot, quand on le soumet à un test d'intelligence et de culture avant même de l'accueillir ou même de lui dire « bonjour » ! Comment voulez-vous qu'il réussisse le test ? On l'évalue pile sur la dimension au cœur de son sentiment d'échec. On met juste le doigt là où ça fait très mal.

Idem dans les missions locales qui accueillent les jeunes déscolarisés (et parfois encore plus marginalisés que cela). Dans certaines d'entre elles, on les accueille le premier jour par un questionnaire d'autodescription avant même de rencontrer un être humain qui va engager le débat avec eux. Sur ce questionnaire, ils sont invités à évoquer précisément tous les éléments qui mettent en évidence leur échec. Certains partent et ne reviennent jamais.

Vécu personnel

Un temps, j'ai accompagné une mission locale sur son dispositif de parrainage. Les parrains sont la plupart du temps des retraités bénévoles qui viennent accompagner un jeune dans sa démarche de recherche d'emploi. On constitue des binômes en fonction de critères opérationnels, puis la première rencontre a lieu.

Un jour, à l'issue de cette première séance, un retraité me dit : « Ce rendez-vous n'a servi à rien, on a passé une heure à discuter du mariage de sa sœur ! » Il raconte que le jeune est venu avec l'album photos du mariage de sa sœur qu'il venait de finir car c'était, lui, le photographe (sans avoir de compétences particulières pour cela). Alors j'explique au parrain que cette heure passée à l'écouter est la meilleure chose qui pouvait arriver au jeune car ce qu'il voulait, c'est se présenter sous un angle valorisant pour montrer qu'il était capable de quelque chose de bien. Cette heure a été le moyen pour lui de sortir du discours négatif et stigmatisant dont il est victime habituellement. Il s'est valorisé aux yeux du parrain et ce dernier, en l'écoutant, a validé sa démarche et lui a permis d'avoir une image de lui positive, indispensable pour s'attaquer à une démarche de recherche d'emploi. Il a dépassé le métastéréotype. Les séances suivantes se sont bien passées, ils ont pu progressivement aborder la question plus pragmatique de l'insertion professionnelle du jeune.

Finissons avec un dernier exemple d'étude sur la question de la différence sexuée des compétences en mathématiques (Shih, Pittinsky et Ambady, 1999). Cette expérience est particulièrement parlante car elle démontre indirectement le non-sens absolu des stéréotypes. On propose à des étudiantes toutes américaines d'origine asiatique de passer un test de mathématiques. Selon les stéréotypes de genre, les femmes ne sont pas douées pour les mathématiques, mais selon les stéréotypes liés aux origines, les Asiatiques sont bons en mathématiques et plus généralement pour toutes les professions scientifiques. Mais alors que se passe-t-il pour les femmes asiatiques ? Sont-elles douées pour les mathématiques ? Ou pas ?

C'est exactement ce que l'on teste dans cette expérience. Toutes les participantes sont d'origine asiatique et sont informées qu'elles vont être soumises à une mesure d'aptitudes en mathématiques. Ce qui change c'est la nature du questionnaire qu'on leur soumet juste avant le test : on insiste sur leur identité d'Asiatique pour certaines (pays d'origine, langue maternelle, codes vestimentaires typiques...), ou sur leur identité de femme pour les autres (caractéristiques des femmes, différences avec les hommes...). On les met donc soit dans une situation « facilitatrice » (condition « asiatique »), soit dans une situation « stigmatisante » pour la performance en mathématiques (condition « femme »). Les étudiantes de la condition « asiatique » ont une performance significativement meilleure au test que les étudiantes de la condition « femme ». Ce sont les mêmes personnes (sociologiquement) qui passent le même test, dans la même salle, avec le même expérimentateur. Et pourtant...

En entreprise, on parle souvent de l'autocensure des femmes sur la base d'un métastéréotype négatif pour expliquer partiellement le phénomène de plafond de verre. Bien sûr les femmes sont avant tout victimes d'une discrimination souvent implicite et/ou systémique à leur égard les empêchant de progresser aussi vite que les hommes dans leur carrière. Mais une partie de l'explication vient des femmes elles-mêmes. Par l'accumulation et le renforcement de métastéréotypes négatifs à leur égard, elles s'interdisent de penser qu'elles sont capables et s'autocensurent dans leur aptitude à grimper dans la hiérarchie.

Vécu personnel

Depuis plusieurs années, tous les acteurs de la diversité (moi le premier) citent dans des rapports, lors de conférences ou d'interventions diverses, une étude réalisée par Hewlett-Packard sur l'autocensure des femmes. Selon cette étude, on aurait réussi à la chiffrer, montrant que les hommes candidatent à des postes en interne quand ils ont environ 60 % des compétences attendues alors que les femmes attendent d'être à 100 % avant de s'autoriser une telle démarche. En réalité, et grâce à des recherches réalisées par ma collègue, Éléonora Russo, on sait aujourd'hui que cette étude n'existe pas et que ces chiffres sont faux. C'est intéressant car ils sont repris partout, y compris dans le très sérieux *McKinsey Quarterly* (2008), ou encore dans *The Wiley-Blackwell Handbook of the Psychology of Coaching and Mentoring* (2012). Nous aimerions tellement tous que cette étude existe que nous l'avons inventée. En réalité, tout est parti d'une interview donnée par un top manager de chez Hewlett-Packard, dans laquelle il *estime* que la différence de confiance en soi entre les hommes et les femmes devraient donner les chiffres de 60 % pour les uns et de 100 % pour les autres...

L'autocensure est un fait sans équivoque dans les entreprises et elle concerne beaucoup de groupes habituellement stigmatisés. Mais il est quasiment impossible de la chiffrer tant les comparaisons sont compliquées à faire et à opérationnaliser dans un protocole. En revanche, l'étude IMS sur les stéréotypes en fonction des origines a chiffré la nature de certains métastéréotypes, à l'origine de l'autocensure.

Dans le volet publié en 2014, nous avons mesuré les différents stéréotypes envers quatre populations ethniques : Asiatiques, Européens de l'Est, Noirs et Maghrébins. En ce qui concerne les deux premiers groupes, on observe les trois stéréotypes globalement au même niveau. En clair, l'image que nous avons, par exemple, des Asiatiques est assez positive, elle est conforme à l'image que les Asiatiques ont d'eux-mêmes et à l'image qu'ils se font de notre opinion à leur égard. On comprend bien que les trois niveaux sont co-construits de façon cohérente et que le métastéréotype plutôt positif des Asiatiques est un atout pour eux, en termes de gestion de carrière et qu'ils font peu l'objet d'autocensure. En revanche, le modèle est très différent pour les Maghrébins et les Noirs. Dans ces deux groupes, on observe des métastéréotypes nettement plus négatifs que ne sont l'hétérostéréotypie et l'autostéréotype. Cela montre que ces deux populations ont une forte propension à l'autocensure car elles expriment le sentiment d'être dépréciées par rapport à leur valeur intrinsèque estimée.

La rationalisation : de toute façon, je n'ai pas envie d'y arriver !

Mais comment alors gérer la dissonance entre le fait de se sentir victime de discrimination, tout en s'empêchant de sortir de cette discrimination ? Renoncer à candidater sur des postes, ne pas oser s'imposer dans des réunions, rentrer dans des rôles féminins fortement stéréotypés sont autant de comportements qui légitiment indirectement les stéréotypes existant envers les minorités jusqu'à les renforcer. La « dissonance cognitive » (Festinger, 1957) est l'état dans lequel on se trouve quand on exprime des opinions ou des attitudes incohérentes avec nos actes.

Et dans la vraie vie

On revendique être écologiste mais on ne recycle pas les piles ; ou encore on défend des idées politiques mais on ne vote pas. Voilà deux situations inconfortables de dissonance car elles nous mettent face à des incohérences qui peuvent nous déstabiliser. On cherche alors à rétablir un état de consonance à travers trois stratégies :

1) On change nos comportements. Ce n'est pas la solution la plus simple car c'est souvent la plus contraignante ou la plus déplaisante car on a la flemme de trier les piles et encore plus d'aller voter.

2) On change d'avis. Pas simple non plus car cela revient à remettre en cause une valeur forte pour soi et à renoncer à ses opinions.

3) On ne touche à rien mais on rationalise nos actes en se persuadant qu'ils ne sont pas si dissonants que cela par rapport à nos valeurs. Voici une solution intéressante car elle est facile, elle ne remet pas en cause nos principes et elle ne nous prive d'aucun plaisir ! On ne recycle pas les piles mais ce n'est pas grave car on se persuade que dans les déchetteries, elles sont attirées par de gros aimants qui les isolent du reste des déchets. On ne vote pas mais franchement ce n'est pas une seule personne qui peut faire basculer une élection !

Il est toujours possible de rétablir un état de consonance en rationalisant nos actes et c'est bien ce que certaines personnes victimes de stigmatisation font, quand elles sont dans une logique de renoncement. « Je ne candidate pas sur ce poste car il ne me fait pas envie » ! Il n'est pas rare d'entendre cette phrase qui, parfois, correspond tout à fait à la réalité, mais qui, dans certains cas, n'est que la rationalisation d'un renoncement.

Dans l'autocensure des femmes, il y a quelques arguments de rationalisation qui reviennent souvent. Certaines disent ne pas vouloir sacrifier leur vie personnelle et l'équilibre des temps de vie qu'elles ont dans leur poste actuel. Certaines expliquent que l'argent ne fait pas tout et qu'une augmentation de salaire ne les intéresse pas. Enfin, elles prennent certaines femmes du top management en contre-exemples et nous expliquent que « si c'est pour devenir un mec », ça ne les intéresse pas. Voilà trois arguments très intéressants car ils sont au cœur des stéréotypes envers les femmes, parfois internalisés par les femmes elles-mêmes. Selon les stéréotypes, les femmes n'aiment pas le pouvoir, ne sont pas intéressées par l'argent, préservent leur féminité et privilégient leur vie de famille. Avec de tels arguments, on comprend l'intensité des freins que sont les stéréotypes et comment ils peuvent conduire à l'autocensure sans pour autant placer ces femmes dans un état de dissonance inconfortable.

La rationalisation est souvent la conséquence de contraintes qui se répètent et qui deviennent une source de mal-être. Face au risque d'un nouvel échec, on peut choisir l'option de l'évitement en renonçant devant l'obstacle. Car le meilleur moyen de ne pas être confronté à l'échec est encore de ne pas essayer. L'effet pervers des stéréotypes sur l'autocensure est alors à son comble. On peut en effet imaginer que les entreprises regorgent de talents qui sont indétectables et donc inexploités du fait du vécu (fantasmé ou réel) de la discrimination qui convainc certaines et certains qu'ils n'ont ni les compétences, ni les appétences pour réussir. Quel gâchis !

3

Comment apprivoiser les stéréotypes dans l'entreprise ?

chapitre 9

Deux échelles
de temps

À cette étape du livre, faisons un petit point route. Les stéréotypes sont des « croyances » que nous associons aux membres d'un groupe social, quel qu'il soit. Ils sont issus d'un système circulaire impliquant à la fois des déterminants externes (normes sociales et culturelles, éducation...) et des facteurs internes (limites cognitives, gestion des émotions...), qui se met en place excessivement tôt et de façon inhérente à notre fonctionnement. Ils sont composés de toutes sortes d'informations telles que des caractéristiques physiques, des traits de personnalité ou encore des pratiques culturelles. Ils peuvent aussi bien être positifs, neutres ou négatifs mais, fort heureusement, ne donnent pas lieu de façon systématique à des actes de discrimination. Ils sont à la fois utiles individuellement et nuisibles socialement. Enfin, ils ont le pouvoir de « nous agir », et ainsi de façonner la réalité de sorte qu'elle nous donne raison.

Pour autant, restons optimistes car il est possible de créer dans l'entreprise des conditions telles que les stéréotypes gardent leurs vertus positives (économie mentale, confort affectif...)

tout en limitant au maximum leur pouvoir de nuisance sur la justesse de nos évaluations et de nos relations professionnelles. On l'a déjà dit, il est incongru de vouloir éradiquer les stéréotypes. Ils sont tellement utiles et automatiques qu'il est moralement désirable de le faire mais qu'il s'agit d'un non-sens sur un plan cognitif. Les travaux sur ce thème montrent même l'existence d'un phénomène appelé « effet rebond ». À un instant *t*, à trop vouloir contrer les stéréotypes, on peut les circonscrire un temps, mais ils peuvent revenir encore plus virulents ou sous une autre forme à plus long terme.

CE QU'EN DIT LA RECHERCHE

J. Johnson et ses collègues (1995) montrent par exemple que si l'on demande explicitement à des jurés de faire abstraction de leurs stéréotypes envers les Noirs dans le rendu d'un verdict concernant un cas de hold-up, ceux-ci formulent un jugement encore plus discriminatoire que dans la condition où l'on mentionne simplement l'appartenance ethnique de l'accusé, sans consigne particulière. Se forcer à ne pas utiliser les stéréotypes de façon contrainte peut avoir l'effet inverse à celui attendu, sans pour autant en avoir conscience.

Mais si l'on réfléchit positivement à la réduction des stéréotypes, on se retrouve face à deux échelles de temps incompatibles. D'une part, on a le temps sociétal qui nous fait chaque jour la démonstration que la culture et les mentalités font évoluer, sur le long terme, les stéréotypes dans le sens d'une réduction des injustices. D'autre part, on a le temps humain, qui est composé de cycles beaucoup plus courts car il concerne les évolutions pouvant impacter les individus à l'échelle de leur vie et particulièrement de leur carrière. La domestication des stéréotypes se fait de façon différente selon ces deux échelles de temps, mais elles sont complémentaires car il ne peut pas y avoir d'évolution irréversible sur le long terme sans actions fortes de changements parfois perçus « mineurs » sur le court terme.

Les évolutions sociétales se font sur une échelle de temps distendue et nécessitent des contributions multiples et cohérentes. Un bon exemple concerne les stéréotypes envers les minorités ethniques correspondant aux vagues migratoires depuis le début du xxe siècle en France. Les immigrants européens, par exemple les Italiens, étaient victimes de stéréotypes extrêmement négatifs à leur arrivée en France. Aujourd'hui, il persiste quelques éléments archaïques de ces stéréotypes mais globalement, les représentations ont grandement évolué et dans le sens positif. Les stéréotypes sont des cristallisations de nos peurs de la nouveauté et du changement. Tout ce qui vient bousculer l'équilibre social est une source potentielle de stress et peut se traduire par une forme d'agressivité collective à travers, entre autres, les stéréotypes. Mais le temps finit toujours par faire que le nouveau devient banal et que le « bizarre » devient normal. On le voit avec des stéréotypes aussi différents qu'envers les homosexuels, les tatoués ou encore les psychologues.

Sur cette échelle sociétale du temps, les entreprises ont-elles un rôle à jouer ? Assurément oui, et pour deux raisons essentielles. La première, très mécanique, est liée au temps que représente la vie en entreprise. Avec une espérance de vie arrondie à 85 ans, dans la mesure où nous travaillons pendant plus de quarante ans, et que nous passons la moitié de notre vie éveillée dans les murs de l'entreprise, on comprend que ce qui s'y passe a un fort impact sur nos opinions, nos valeurs et nos attitudes. Évoluer dans un environnement professionnel impliqué et concrètement orienté vers la lutte contre les stéréotypes et, plus globalement, vers des principes d'égalité ne peut que nous influencer dans le bon sens.

La seconde raison concerne le principe de la mixité (au sens large du mélange). On y reviendra plus tard dans les outils propres à l'entreprise, mais la mixité, sous certaines conditions, reste aujourd'hui un levier majeur de déconstruction des stéréotypes. Or l'entreprise est, par construction, un lieu de rencontres et de mélange des genres, des origines, des niveaux de qualification quand on envisage sa population dans sa globalité.

Mais cette contribution potentielle des entreprises à l'évolution des mentalités se fait sur une échelle de temps sociétale incompatible avec les enjeux court-termistes d'une carrière professionnelle. Concernant les relations femmes/hommes aujourd'hui, savoir que les femmes ne pouvaient pas ouvrir un compte en banque sans l'autorisation de leur mari il y a quarante ans montre une évolution extrêmement rapide à l'échelle de l'histoire de notre civilisation mais quarante ans c'est la durée totale de la carrière d'une femme ! Même si les écarts de salaire entre femmes et hommes se réduisent, même si le déséquilibre du temps consacré aux enfants et aux tâches ménagères s'amenuise, même si les postes de cadre dirigeant se féminisent, cela ne va jamais assez vite à l'échelle d'une carrière. Et quand on parle de quarante ans, en réalité, l'évolution des carrières se joue sur une durée encore beaucoup plus courte. Le plafond de verre en France est une paroi discriminatoire envers les femmes entre le management intermédiaire et le top management. Il se met généralement en place entre 35 et 45 ans. C'est-à-dire sur dix ans !

Vécu personnel

Cette confrontation des échelles de temps se retrouve dans les débats que je peux avoir quand on parle de discrimination positive avec des jeunes diplômés issus de l'immigration. Même si cette question a un peu disparu aujourd'hui, je fais partie des acteurs de la diversité plutôt opposés à la discrimination positive généralisée. Les arguments qu'il m'est arrivé de défendre face à des bac + 5 ayant un nom de famille ou une couleur de peau qui ne cadrent pas avec le fameux candidat de référence reposent surtout sur des enjeux psychologiques. J'explique

que les méfaits de la discrimination positive sont une forme de stigmatisation et surtout une ethnicisation des personnes qui seraient recrutées selon un tel processus. « Il a été recruté parce qu'il est Maghrébin », serait une réflexion dérivée d'une action de discrimination positive qui sous-entendrait : « Mais pas parce qu'il est compétent. » Et ce genre de réaction serait catastrophique pour cette personne, quant à son intégration dans l'entreprise, les modalités d'interaction avec ses collègues et la confiance en soi dont il aura besoin mais qui lui sera impossible. Alors je défends plutôt l'option du long terme, en misant sur une intégration plus « naturelle », fondée sur une évolution des mentalités et uniquement ancrée dans une logique d'identification juste des compétences.

Pourtant, un jour, un jeune homme m'interpelle dans une conférence que je donnais à l'issue de ma démonstration. Il me dit que d'un point de vue intellectuel, il comprend et adhère à mon raisonnement mais que, concrètement, il a besoin de trouver du travail tout de suite et qu'il s'en fout de savoir que ce sont ses petits-enfants qui pourront être traités de façon équitable. En outre, il a un argument implacable qui remet en cause mon raisonnement : comment imaginer faire évoluer les stéréotypes à long terme sur les Maghrébins si à court terme on ne leur donne pas la possibilité, par l'insertion professionnelle, de démontrer qu'ils sont capables et que les stéréotypes sont faux ? Alors bien sûr, j'ai l'air un peu idiot avec mes arguments psychologiques, certes vrais, mais tellement en décalage avec le vécu, au quotidien, de la discrimination dont certains sont victimes. On touche bien ici ce décalage des échelles de temps.

Les stéréotypes peuvent changer. Les croyances, les images et les peurs associées aux groupes sociaux peuvent s'estomper mais dans la durée et surtout dans un système cohérent entre les politiques, le cadre légal, les actions associatives et militantes et le monde professionnel. Cela représente une énergie collective et beaucoup d'acteurs à faire fonctionner ensemble. C'est la raison pour laquelle nous progressons mais toujours trop lentement à l'échelle d'une vie. L'entreprise a un rôle à jouer comme tout autre acteur sociétal pour faire bouger les mentalités et ces évolutions-là sont trop longues pour s'en contenter. Il est nécessaire de faire réfléchir et de faire travailler aussi les entreprises à court terme, non pas pour faire changer les stéréotypes mais pour rendre inopérants ceux qui persistent. Pour ce faire, nous disposons de trois niveaux d'action que nous allons présenter dans les trois prochains chapitres.

Dans une logique de performance, l'entreprise ne peut pas se contenter d'apporter sa pierre à l'édifice de l'évolution des mentalités car elle fait face à une hétérogénéisation de sa population. Des gens de plus en plus différents doivent travailler ensemble et cette évolution structurelle va beaucoup plus vite que celle des mentalités. L'entreprise doit donc adopter une stratégie immédiate et opératoire de management de la diversité qui passe, entre autres, par la gestion des stéréotypes.

Le but est d'apporter des solutions « rapides » aux freins causés par les stéréotypes, à l'échelle de la carrière et surtout de la période dans laquelle se joue l'évolution professionnelle à partir du recrutement. Dans cette perspective, nous ne parlons donc plus du tout de réduction ou d'évolution des stéréotypes mais du fait de les apprivoiser, c'est-à-dire d'apprendre à vivre en paix avec eux. Et cela remplit deux conditions.

D'une part, il s'agit de prendre conscience de ses stéréotypes. Pour s'engager dans un processus envers ses propres stéréotypes, il est naturellement indispensable d'avoir conscience qu'ils ne concernent pas seulement les autres. Il faut avoir compris que nul n'échappe aux stéréotypes pour toutes les raisons que nous avons exposées dans les précédents chapitres. Et c'est tout l'enjeu des sensibilisations et des formations aux stéréotypes qui sont proposées dans les entreprises. Comment faire entendre que les stéréotypes dans l'entreprise concernent tout le monde, sont présents à tous les étages et n'épargnent personne ? Et dans le même temps, il faut le faire de façon dédramatisée, en proposant des solutions. Pas simple...

D'autre part, une fois qu'on a pris conscience de leur existence, il s'agit de leur faire face, c'est-à-dire d'accepter l'idée qu'il est impossible de prétendre ne pas en avoir. Or l'idée même des stéréotypes et des préjugés est politiquement incorrecte et immorale. C'est « mal » d'avoir des stéréotypes. Et, par un jeu de contraste, plus la société se moralise, plus elle enfonce le clou de l'immoralité des stéréotypes et de la discrimination. On le voit bien dans l'évolution de l'intolérance à l'humour provocateur et au second degré. Je vous propose de relire les textes de Pierre Desproges écrits dans les années 1980 et déclamés sur scène devant un parterre médusé et admiratif. Bien sûr, il s'attaquait à l'antisémitisme par l'absurde et grâce à un second degré indiscutable mais quel humoriste pourrait aujourd'hui écrire ou faire ces mêmes blagues sur une scène publique ? Probablement aucun.

Donc, apprivoiser c'est avoir à la fois le courage et l'humilité d'accepter le fait qu'il est impossible de ne pas avoir de stéréotypes. Ainsi, on dépasse la culpabilité et on évite le déni, qui est le pire refuge contre l'évolution des pratiques et des mentalités. « Moi je ne fais pas de différence, on est tous pareils » ; « Je n'ai pas de stéréotypes envers les homosexuels, d'ailleurs j'ai un très bon ami qui l'est » ; « J'aimerais ne pas être obligé de discriminer mais ces gens-là font peur à mes clients »... Le déni est la pire solution face aux stéréotypes. Mais la chape morale est tellement lourde qu'elle nous pousse à le faire, pour ne pas être montré du doigt.

Au sein des entreprises, pour lutter contre les stéréotypes (leur utilisation et non leur existence donc), il est nécessaire d'agir à tous les étages en même temps, sous peine d'envoyer des messages contradictoires et de décrédibiliser les actions. Il est indispensable que les messages et les actions soient concomitants et cohérents.

Ces trois niveaux, que nous allons décliner maintenant sont les suivants :

- ▶ l'organisation et ses valeurs (le système) ;
- ▶ les modalités du management (le groupe) ;
- ▶ l'acteur dans ses modalités de travail (l'individu).

Ces trois niveaux d'analyse sont évidemment emboîtés. Les individus constituent les groupes et ceux-ci interagissent et composent le système. Dans l'autre sens, le système détermine les normes de fonctionnement des groupes et ceux-ci conditionnent la place et l'identité des personnes. Ces trois niveaux sont donc totalement interdépendants, de sorte qu'il est impératif de les faire évoluer ensemble et de façon cohérente.

chapitre 10

Agir
sur l'organisation

L'organisation et ses valeurs : l'importance de l'exemplarité

Toutes les entreprises affichent aujourd'hui en lettres d'or leurs valeurs fondatrices. Au-delà de la dimension marketing indéniable, se pose la question de l'impact de ces messages sur les pratiques au quotidien des salariés. Si de façon ironique, on considère que ce n'est que de la communication, on imagine mal que cela puisse avoir une influence quelconque, ni sur les clients, ni sur les prestataires, ni sur les acteurs de l'entreprise.

CE QU'EN DIT LA RECHERCHE

Ma collègue Éléonora Russo a réalisé en 2013 un inventaire des valeurs affichées par les quinze plus grandes entreprises françaises. Elle a pu lister soixante-dix mots utilisés comme étant l'ADN de ces entreprises dans leur façon d'entrevoir leur activité professionnelle. Il est intéressant de noter que trente-quatre de ces mots affichés (soit quasiment 50 %) concernent la dimension éthique du travail. Des mots comme solidarité, intégrité, respect des personnes, humanisme ou éthique sont courants sur les supports de communication interne et externe de ces entreprises.

C'est mal connaître le pouvoir inconscient des messages et des mots. Dans le programme de recherche de l'IMS, nous avons mesuré les stéréotypes des managers puis nous avons cherché à identifier les facteurs pouvant impacter positivement l'utilisation de ces stéréotypes. La variable la plus transversale, que l'on retrouve dans les trois volets de l'étude est celle de l'engagement perçu de l'entreprise en faveur de la diversité. Plus les managers considèrent que leur entreprise est fortement engagée, moins leurs stéréotypes sont forts et négatifs envers les différents groupes que nous leur avons soumis. Il semble clair que les valeurs d'une entreprise en faveur de la diversité sont un facteur d'évolution lente mais durable des mentalités et particulièrement des stéréotypes. Elles représentent un socle minimum d'actions en faveur de la diversité et de la lutte contre les stéréotypes. Elles incarnent la norme symbolique de ce qui est attendu des salariés et de ce qui ne leur est pas permis. Et comme toute norme, elles représentent un repère pour tout salarié qui aurait des doutes quant à des choix ou des décisions à prendre.

Mais attention, il est essentiel que ces messages soient univoques et crédibles. L'effet boomerang serait de surfer sur la diversité comme on peut le faire avec le développement durable, juste pour être dans l'air du temps et donner une bonne image de l'entreprise sans correspondre à aucune réalité concrète.

Comment mettre en exergue la « justice » tout en maintenant une inégalité de traitement femmes/hommes ? Comment valoriser le « courage », si on laisse passer des actes de discrimination jugés comme mineurs, pour ne pas faire de bruit ? Comment revendiquer le « respect » si on s'autorise au sein du Comex des blagues douteuses (même drôles) sur l'orientation sexuelle prétendue de celui qui a la malchance d'être absent ce jour-là ?

Ces trois exemples illustrent l'importance de l'exemplarité. Et elle est encore le meilleur moyen de convaincre les acteurs de l'entreprise de la crédibilité et de la légitimité des valeurs qu'elle défend.

CE QU'EN DIT LA RECHERCHE

La célèbre recherche de Stanley Milgram (1974) sur l'obéissance propose à des participants recrutés par voie de presse de participer à un protocole portant prétendument sur la mémoire, alors qu'en réalité on mesure leur propension à obéir à un ordre barbare. Les sujets doivent punir à l'aide de chocs électriques (en réalité factices) une personne, en réalité un acteur, sous prétexte qu'elle ne parvient pas à mémoriser une liste de couples de mots. Les résultats montrent que près des deux tiers des sujets se soumettent à cet ordre pourtant contraire à leurs valeurs personnelles. Mais surtout, S. Milgram montre que l'obéissance dépend de la légitimité et de la cohésion de l'autorité dont émane l'ordre. Si cette autorité est perçue comme légitime, crédible et cohésive, alors on lui obéira les yeux fermés. Dans le cas contraire, il sera plus facile de remettre en cause cette autorité en trouvant des failles dans ses arguments ou dans le bien-fondé de ses demandes.

Même si, dans l'entreprise, on ne parle pas d'une « obéissance à des valeurs », car le mot est trop fortement connoté, il est évident qu'on attend un respect et une mise en application concrète de ces valeurs dans les pratiques professionnelles quotidiennes.

L'entreprise se doit de véhiculer des messages crédibles et d'afficher une cohésion forte autour de ces valeurs. Pourtant, il m'est souvent arrivé de donner des conférences dans des salles quasiment vides quand il s'agit de traiter du handicap par exemple. Quel message l'entreprise envoie-t-elle à ses salariés quand une mission handicap est créée, qu'on la laisse organiser une conférence sans sponsor et à laquelle aucun top manager ne participe ? Quel message une entreprise envoie-t-elle à ses salariés quand le département diversité est animé majoritairement par des stagiaires ou des jeunes en contrat d'alternance sous la tutelle d'une seule personne qui croule sous le travail à devoir gérer, en étau, une posture « coincée » entre les RH et les managers ? Il m'est, par exemple, arrivé d'animer une conférence sur les stéréotypes, introduite par un senior manager ou par le directeur général qui proclame de grands principes avant de quitter la salle aussitôt son introduction achevée et avant même que je ne commence à parler. Dans la salle, comment imaginer que les participants ne soient pas troublés par cette double posture ? Pour lutter réellement contre les stéréotypes, l'entreprise doit s'appuyer sur des exemples factuels montrant que le discours est en accord avec des actes forts.

Communiquer ses valeurs

Une fois affichées et défendues, ces valeurs doivent être communiquées dans une logique *top-down* afin d'irriguer les mentalités pour les faire évoluer. Cette communication doit se faire en interne mais aussi en externe afin d'attirer des talents atypiques, car c'est bien de s'ouvrir à l'altérité, à condition que celle-ci existe bel et bien dans les viviers entrants. Cette communication peut se faire à travers plusieurs canaux essentiels.

Les supports

Cela concerne les outils de visibilité externe comme le site Internet, les plaquettes et autres documents. De plus en plus de sites Internet affichent des messages en faveur de la diversité, dès les pages d'accueil. Sur celle du site Careers d'une grande banque française, on peut lire la phrase suivante : « Vous êtes en situation de handicap ? », avec un lien donnant toutes sortes d'informations sur la mission handicap et le dispositif d'accueil et d'intégration des personnes en situation de handicap. On veille également à la représentativité des différentes composantes sociodémographiques de l'entreprise sur tous les visuels, soit en utilisant des dessins ou des caricatures, soit en mettant en scène des salariés de l'entreprise des deux sexes, de toutes les couleurs de peau et de tous les âges. Encore une fois, une telle démarche peut sembler artificielle mais elle est, à termes, efficace quand elle accompagne un dispositif réel.

Le lobbying

De plus en en plus d'entreprises se lancent dans des campagnes de lobbying auprès de jeunes publics pour démontrer l'importance que celles-ci accordent à la diversité et son ouverture à des profils jusque-là très minoritaires dans les entreprises.

Vécu personnel

J'accompagne personnellement Airbus dans une démarche de sensibilisation sur les stéréotypes femmes/hommes auprès d'étudiants dans les écoles d'ingénieurs et aussi de collégiens/lycéens. L'objectif est de montrer que les femmes sont tout aussi capables que les hommes de s'orienter vers des filières scientifiques menant à des métiers de l'aéronautique. Ces conférences mettent l'accent sur la nécessité de lutter contre les stéréotypes et contre toute forme de conditionnement social lié à l'orientation scolaire. Difficile de quantifier les bénéfices directs de ces conférences mais elles rencontrent un franc succès et envoient également un message fort en interne. Airbus est volontariste sur l'égalité femmes/hommes et le montre par un engagement concret.

L'appropriation

Pour que les valeurs touchent le plus grand nombre, il est nécessaire que les salariés puissent s'impliquer et se les approprier. Une bonne façon de les communiquer est donc de demander aux salariés d'être créatifs sur ce thème. Par exemple, une entreprise propose un concours de *beefies* (photos prises soi-même représentant deux personnes) mettant en scène un aspect de la diversité dans l'entreprise sans pour autant la nommer. Ces photos sont ensuite exposées et donnent lieu à un concours. Une autre entreprise a créé le « club des trente » réunissant les salariés qui ont eu ou qui auront trente ans dans l'année et ceux qui ont trente ans de carrière pour créer du lien entre les générations et lutter contre les stéréotypes liés à l'âge.

Et dans la vraie vie

Le meilleur exemple d'appropriation revient sans doute à Total qui a lancé en interne un grand concours de slogan pour représenter la diversité. Tous les salariés du groupe, dans tous les pays du monde ont été invités à concourir. Le slogan retenu, qui marche aussi bien en français qu'en anglais, est : « Nos différences font la différence. » Il a été créé par une femme ingénieure indonésienne. Voilà une bonne façon de rendre concrète la diversité et de mettre en scène, en interne, un parfait contre-stéréotype de ce qu'est habituellement un ingénieur dans un groupe français.

Les chartes et les labels

Clairement, la lutte contre les stéréotypes passe aussi par des engagements concrets à travers des accords et des chartes internes qui valorisent officiellement la diversité. D'une part, ces engagements deviennent ainsi officiels et visibles et, d'autre part, ils sollicitent l'implication d'acteurs divers dans l'entreprise, contraignant les uns et les autres à une forme de transversalité habituellement peu courante et pourtant très efficace.

On pense en premier lieu à la charte de la diversité (2005), avec aujourd'hui plus de trois mille trois cents entreprises. Véritable déclaration d'intention, elle n'induit aucune contrainte pour les entreprises. Le label Diversité est beaucoup plus contraignant. Il s'agit d'une norme Afnor avec un cahier des charges très lourd de conditions à remplir. Plus de trois cents entreprises en sont titulaires à ce jour.

Il existe aussi de plus en plus de chartes liées à la diversité. On peut citer, par exemple, la charte de la parentalité, créée en 2008 et signée par plus de quatre cent cinquante entreprises. Il est intéressant de noter que le premier objectif de cette charte est de « faire évoluer les représentations liées à la parentalité en entreprise ». On est bien au cœur des stéréotypes. Enfin, on peut citer la charte LGBT (lesbiennes, gays, bi et transsexuels) initiée par Armelle Carminatti en 2012 et comptant à ce jour une cinquantaine de signataires. Là encore, on peut être sarcastique et considérer que c'est juste du marketing mais c'est mal connaître la difficulté et les combats que la signature d'une charte peut représenter en interne pour une entreprise. Faire signer une charte LGBT par tous les acteurs de l'entreprise dans des secteurs tels que l'industrie ou le bâtiment n'est pas une mince affaire. L'impact positif sur les stéréotypes est alors à la mesure de la révolution que cela représente pour des mentalités profondément ancrées, si, bien sûr, des actes suivent.

© Groupe Eyrolles

« Livres blancs » et guides pratiques

Enfin, de plus en plus d'entreprises éditent des supports autonomes dont l'objectif est de sensibiliser les salariés et surtout les managers de proximité à la diversité des profils et des pratiques afin de faire évoluer les mentalités et les stéréotypes. Ces supports sont informatifs, établissent la liste de bonnes pratiques et rappellent le cadre légal et normatif. Ils se focalisent la plupart du temps sur un critère particulier afin de lui donner une forte visibilité. Là encore, ces supports ont la double vertu de faire prendre conscience à toutes et tous des évolutions nécessaires dans les mentalités et de donner un cadre rassurant aux pratiques professionnelles quotidiennes pour faire face à ces évolutions.

Vécu personnel

J'ai modestement contribué à la relecture d'un guide sur le fait religieux édité par le Crédit Agricole. Ce support a été conçu comme un outil à la fois positif et rassurant. On y retrouve des informations sur le cadre légal mais sans aucune forme de culpabilisation, des bonnes pratiques à adopter face à des situations nouvelles, ainsi que des informations sur les différentes fêtes religieuses, sans jamais mettre l'accent sur l'une d'entre elles. Ce genre d'outil remplit tout à fait sa fonction de banalisation et peut contribuer à une évolution certaine des pratiques et des stéréotypes.

Tous ces outils de communication sur la diversité et les stéréotypes sont évidemment utiles mais ils doivent éviter certains pièges tendus par une trop forte volonté d'être directif ou impatient. D'une part, la sensibilisation n'est efficace que quand elle met l'accent sur le positif, c'est-à-dire quand elle délivre un message prosocial. Il faut valoriser l'intérêt pour tout le monde de prendre conscience de ses stéréotypes et non pas lister les dangers que représente leur utilisation.

Et dans la vraie vie

Toutes les analyses des campagnes de prévention montrent que la mise en scène du bonheur est toujours plus efficace que celle du danger. Montrer les méfaits du tabac est moins efficace que les bienfaits du sevrage. Nos mécanismes de défense nous protègent contre les messages anxiogènes donc il ne faut pas les renforcer avec des messages alarmants. Actuellement, une campagne de prévention sur le tabac met en scène (sans la montrer) une personne décédée du tabac qui parle en voix off à ses enfants alors qu'elle est décédée. Et le message final est : « Le tabac tue un fumeur sur deux. » La mise en scène qui précède le message est tellement violente que le fumeur peut interpréter le slogan final par : « Donc un fumeur sur deux ne meurt pas du tabac. Ça va je peux continuer... » On ferait mieux de mettre en scène ce parent qui a arrêté de fumer depuis un an et qui a retrouvé le plaisir de jouer au tennis avec ses enfants (*cf.* la théorie de « l'optimisme irréaliste » de Weinstein, 1980).

D'autre part, il faut doser les messages sur la diversité pour ne pas arriver à saturation pour les salariés et surtout pour les managers qui sont systématiquement pointés du doigt comme des faiseurs de carrière froids et inhumains.

L'ÉTUDE IMS

Le volet de l'étude IMS sur le handicap le montre très bien. Nous avons corrélé les stéréotypes des managers envers les personnes en situation de handicap avec leur degré de sensibilisation à cette question. Jusqu'à un certain seuil de sensibilisation, les stéréotypes déclinent car ces managers prennent conscience de certains biais inconscients. Mais au-delà de ce seuil, quand les messages sont trop fréquents, moralisateurs et répétitifs, on voit apparaître un effet rebond et une crispation incarnée par des stéréotypes qui finissent par se renforcer.

Il faut bien comprendre que depuis dix ans et surtout depuis le début des années 2010, les managers sont soumis à des pressions nouvelles à la fois légales et managériales fortes concernant la diversité. Alors que ces questions ne s'étaient jamais posées, on leur demande aujourd'hui de prendre en compte toutes sortes de nouveaux paramètres dans leur activité quotidienne : l'égalité professionnelle et la féminisation d'une façon plus ou moins directive, l'intégration des personnes en situation de handicap, les accords sur les seniors, la diversité sociale... On peut comprendre que le seuil de saturation puisse être vite atteint, surtout pour celles et ceux qui ont travaillé plusieurs décennies sans que ces préoccupations aient jamais été évoquées.

Il faut aussi veiller dans ces supports de communication à ne délivrer aucun message qui puisse être interprété comme une démarche communautariste. Lutter contre les stéréotypes ne revient pas à les contredire (sans quoi on en crée d'autres) mais à limiter leur impact sur les relations professionnelles. Les études sur l'impact positif de la mixité femmes/hommes dans les instances dirigeantes sur la performance ne disent pas que les femmes sont meilleures que les hommes alors qu'on a toujours pensé l'inverse. Ce n'est pas l'arrivée de femmes qui crée la performance, c'est l'arrivée de la mixité, c'est-à-dire du mélange et de la confrontation des idées et des histoires de vie. Or les réseaux sociaux regorgent d'études mal interprétées montrant, par exemple, le pouvoir du « leadership au féminin ». Comment convaincre les hommes qu'ils ont des stéréotypes erronés sur les femmes en déballant les mêmes stéréotypes inverses ?

Enfin, il faut prêter une extrême attention aux dangers de la scénarisation de la différence dans les supports de communication. Mettre en scène l'unique personne handicapée, le banlieusard modèle ou faire témoigner toujours la même femme de l'entreprise peut devenir contre-productif. L'exemplarité ne fonctionne qu'à deux conditions : il faut mettre en scène plusieurs exemples différents et représentatifs et, surtout, il doit être possible de s'y identifier. Autrement dit, un cas extrême et/ou isolé ne fait pas bouger les opinions car il sera aussitôt classé comme le contre-exemple qui confirme la règle.

Les process RH

Afin d'être en phase avec les valeurs affichées et appliquées, l'entreprise doit veiller ensuite à la nature de ses process RH. La façon de recruter et de gérer les carrières est semée de pièges tendus par les stéréotypes de toute nature. Arrêtons-nous un instant sur le recrutement.

Si l'on décortique les étapes du recrutement, on comprend que les stéréotypes peuvent polluer la démarche de la première étape consacrée au profilage jusqu'à l'accompagnement de la nouvelle recrue dans son poste. Mais les deux moments les plus sensibles sont sûrement le tri des CV et l'entretien de recrutement.

Le tri des CV

Il s'agit d'un exercice difficile pour lequel les recruteurs ont peu de temps. Ils ne lisent qu'optionnellement les lettres de motivation qui sont aujourd'hui devenues tellement formatées qu'elles perdent de leur pertinence. Et, en première lecture, la consultation du CV se fait en quelques secondes. Une aubaine pour les stéréotypes !

CE QU'EN DIT LA RECHERCHE

Au moins en France, le débat très politisé et militant autour du CV anonyme montre à quel point la question de la discrimination se cristallise sur ce moment du recrutement. Alors que certains milieux associatifs poussent pour la mise en place du CV anonyme, une expérimentation menée par le Crest (Centre de recherche en économie et statistiques) et Pôle Emploi sur quarante-neuf entreprises a démontré en 2011 sa relative inefficacité. Si le CV anonyme a montré quelques bienfaits pour le repérage de candidates féminines, il s'est montré inefficace, voire contre-productif, sur le critère de l'origine ethnique. En effet, les résultats montrent que les candidats issus de l'immigration et/ou issus de zones urbaines sensibles sont moins souvent sollicités pour un entretien de recrutement que dans une démarche reposant sur un CV classique ! Une des raisons est que le recruteur qui identifie sur un CV une origine étrangère ou modeste, sera plus tolérant envers les erreurs mineures (par exemple les trous dans le CV, l'orthographe ou les stages à répétition) et sera plus séduit par un parcours remarquable. Les stéréotypes jouent ici dans l'autre sens mais ils sont bien actifs.

Aujourd'hui, beaucoup de formes de CV émergent pour lutter contre les risques de discrimination et les entreprises se dotent d'outils informatiques leur permettant un filtrage plus ergonomique des candidatures. Mais une chose est sûre, le CV tel qu'il existe aujourd'hui est un outil qui facilite l'utilisation des stéréotypes par les recruteurs. Nous avons mené une étude au sein du cabinet Valeurs et Développement en 2012 sur cette question du CV « acteur (malgré lui) de la discrimination ». Nous avons décortiqué plus de neuf cents CV répondant à des postes allant de « secrétaire de direction » à « directeur des opérations ». Nous avons comptabilisé, classé et analysé les informations que les candidats mettent dans leur CV et dans quel ordre elles sont présentées.

Sans grande surprise, les résultats montrent d'une part que les informations contenues dans un CV sont nombreuses (plus de soixante-douze en moyenne), complexes pour certaines et souvent hors de propos (par exemple 59 % des candidats mentionnent la pratique d'un sport et 29 % listent leurs voyages !). Maintenant que nous savons comment fonctionne la perception, comment imaginer que le cerveau du recruteur soit capable de traiter ces informations, de les trier et de leur donner une pondération relative à leur importance pour produire une opinion juste et objective du candidat ? Il ne peut pas. Pire, la plupart des informations pouvant activer des stéréotypes se trouvent en haut et à gauche du CV, c'est-à-dire dans la zone vers laquelle notre œil est spontanément attiré car il correspond à notre sens de lecture : il s'agit de la photographie (37 % des CV), de l'adresse (99 % des CV), de l'âge (76 % des CV), du statut marital (76 % des CV) et de la nationalité (20 % des CV). En moins de trois secondes, le cerveau du recruteur consulte ces cinq informations qui correspondent toutes à des critères de discrimination. Même en toute bonne foi, il est impossible de faire abstraction de ces informations quand on consulte ensuite le parcours de formation ou les expériences professionnelles antérieures.

Enfin, l'étude révèle que les candidats élaborent leur CV au regard des représentations qu'ils se font des attentes du recruteur. Par exemple, on mentionne de moins en moins son âge à mesure que l'on avance dans la carrière (92 % des moins de 26 ans mentionnent leur âge alors qu'ils ne sont que 53 % chez les plus de 45 ans). Les femmes évoquent moins d'éléments personnels que les hommes et plus le candidat appartient à des groupes victimes de stéréotypes négatifs, moins il en dit sur sa vie privée, persuadé que cela peut le desservir. Autrement dit, les CV sont différents entre les candidats par le simple fait qu'ils ne le construisent pas de la même façon. Comment alors imaginer qu'il soit possible de comparer ces CV de façon équitable ?

L'entretien de recrutement

On a déjà beaucoup évoqué dans ce livre comment les stéréotypes peuvent interférer dans le face-à-face avec un recruteur ou un manager dont l'objectif est de se former une impression rapide d'un candidat, et ce candidat qui est là pour apparaître au mieux de ce qu'il vaut. Cette rencontre est biaisée par des places asymétriques, par des jeux de projection et d'identification et par une communication non verbale qui échappe totalement au contrôle des deux acteurs. Mais il est possible de réduire les biais en respectant un protocole homogène. On peut, par exemple, prêter attention à la durée des entretiens, respecter un certain schéma dans les questions posées et dans l'ordre où elles sont posées. Car on peut imaginer qu'on commence plus facilement l'entretien sur les points forts du CV quand on a une attente positive et l'inverse quand on a une attente négative. On peut prendre garde aux dangers de la première impression, à maintenir un cadre toujours homogène (le même bureau, les mêmes places...), à prendre des notes à travers une grille pré-établie listant seulement les compétences attendues. On peut aussi veiller à accueillir le candidat toujours de la même façon, en lui donnant toujours à peu près les mêmes informations sur le poste et son périmètre d'action. Bref, tout ce qui peut être mis en place pour garantir une forme de « comparabilité » entre les candidats sera un pare-feu relatif contre les risques de recours aux stéréotypes.

Vécu personnel

Lors d'une formation, un recruteur m'explique que dans son entreprise, il faut marcher longtemps entre la salle dans laquelle les candidats attendent et le bureau dans lequel l'entretien se déroule. Et il m'explique que quand un candidat marche trop lentement, il se dit : « Ça part mal... » L'entretien n'a pas encore débuté qu'il commence à déduire des éléments personnologiques sur la base du rythme auquel le candidat marche. Mais a-t-il réalisé que, par exemple, les femmes sont anatomiquement plus petites que les hommes, qu'elles sont plus souvent que les hommes en jupe et en talons ? De fait, il y a de fortes chances pour que, en moyenne, les femmes marchent plus lentement. A-t-il pensé que le candidat s'est peut-être fait une entorse au genou la veille au sport ? Imagine-t-il que le candidat a peut-être une maladie invalidante l'empêchant de marcher vite mais pas du tout incompatible avec les fonctionnalités du poste pour lequel il est candidat ? Tout simplement, en quoi la vitesse de déplacement dans l'espace est-elle le marqueur d'une incompétence professionnelle ?

Dans certaines entreprises, on opte pour l'entretien à deux (voire plus). Le candidat s'exprime devant un RH et un manager en même temps. Mais cela ne résout pas le problème. D'une part, cela peut ressembler à un tribunal et on renforce encore l'asymétrie des places par une différence numérique. D'autre part, on s'influence mutuellement pendant l'entretien et il y a peu de chances pour que les stéréotypes jouent de façon différente.

On peut aussi faire des entretiens individuels et ensuite comparer les impressions laissées par le candidat, ce qui est souvent le cas entre les RH et les opérationnels. Ceci est une bonne solution à condition de réaliser ces entretiens en aveugle (on ne discute pas du candidat avant que tous les entretiens soient finis) et que la discussion finale commence sur une base de partage et non pas sous l'influence du décideur final. Si, selon une procédure collégiale, le candidat passe trois entretiens avec le manager de proximité et deux RH et que la décision finale appartient au manager, il y a de fortes chances pour que celui-ci prenne la parole en premier lors du débrief. De fait, il sera ensuite difficile pour les RH de le contredire. Idéalement, il faudrait que le débrief commence, sans aucune forme de débat, par la lecture silencieuse des comptes rendus des deux autres interviewers afin d'avoir une opinion moyenne équivalente qui puisse émerger dans le cerveau des trois acteurs. Ensuite seulement, les débats pourraient commencer.

Et dans la vraie vie

Il m'est arrivé d'être membre d'un jury de thèse en Belgique. Nous étions six et nous nous retrouvions dans une salle avant le début de la soutenance. Je commence naïvement à vouloir m'exprimer sur le travail de la candidate quand on me demande gentiment de me taire. Chacun d'entre nous a été invité à donner une note sur un papier. Une fois la soutenance terminée, chacun d'entre nous est invité à attribuer une note pour la prestation orale. Puis, le président du jury a fait les moyennes des deux notes et les a annoncées au jury. Ensuite seulement, nous avons été autorisés à débattre sur la thèse et la prestation lors de la soutenance. Ce protocole est intéressant car il permet à chacun de se situer sur une moyenne arithmétique et non pas selon l'ordre de prise de parole, le degré d'expertise ou de prestige des différents membres du jury. On n'efface pas totalement les effets d'influence sociale mais on les limite.

Enfin, on peut saluer des initiatives qui consistent à faire en sorte que les entretiens de recrutement ne soient pas trop influencés par le CV. En effet, le CV construit une image *a priori* et quand l'entretien commence, le recruteur ou le manager a déjà un schéma préétabli sur le candidat. En ce sens, il a un coup d'avance sur le candidat, ce qui augmente encore l'asymétrie et peut biaiser l'ordre et la nature des questions qui lui sont posées. Si le manager reçoit le candidat sur les recommandations du RH qui aura pris le soin de faire le premier tri, pourquoi ne pas imaginer que le manager ne dispose pas du CV mais d'une fiche éditée par le RH et ne reprenant que les éléments constitutifs de la présélection. Ainsi, le manager dispose des informations pertinentes et n'est pas « pollué » par toutes les informations inutiles et sources de stéréotypes.

Vécu personnel

Une entreprise pour laquelle j'accomplis des missions a fait le constat que pour certains postes, le niveau de formation bac + 3 suffit. Recruter toujours des bac + 5 pour sécuriser les choix devenait contre-productif car cela induisait une surqualification (qui représente un coût financier) qui conduisait à une forme de démotivation rapide et à un *turn-over* important. Mais comment casser les habitudes des managers ? On a mis en place un process original qui permet de changer les pratiques stéréotypées habituelles. Les RH examinent les CV, font leur choix d'une *short-list* avec des bac + 3 et des bac + 5 et envoient les candidats en entretien avec les managers opérationnels sans les CV. Ces derniers ont interdiction de discuter de la formation du candidat pendant l'entretien. On discute des compétences, des expériences et des appétences, sans évoquer le parcours de formation. Le résultat est l'augmentation sensible de bac + 3 recrutés qui sont à la fois reconnaissants de la chance qui leur est (enfin) donnée et motivés, donc plus engagés et certainement plus performants. Voilà un bon exemple de process qui permet de lutter à court terme contre le recours aux stéréotypes et qui apporte, à plus long terme, sa pierre à l'édifice de l'évolution lente mais profitable des stéréotypes. Car une fois le candidat recruté, le manager sera, bien sûr, informé du fait qu'il s'agit d'une personne titulaire d'un DUT ou d'un BTS. S'il est performant, il ne pourra qu'accepter l'idée qu'il avait tort d'être obsédé par le sacro-saint bac + 5.

chapitre 11

Agir sur
le management

On ne dénombre plus les études qui tentent, depuis quinze ans, de faire la démonstration de l'impact positif de la diversité au sein des équipes sur leur efficacité. Quasiment toutes concernent la diversité femmes/hommes et, en dépit de la difficulté scientifique à faire le lien direct entre mixité et performance, cette tendance apparaît dans la récurrence des résultats obtenus, quels que soient les protocoles et les environnements d'étude. On peut citer bien sûr les études McKinsey « Women Matter » (2007, 2008 et 2010), l'étude Catalyst (2004 et 2007) ou plus récemment l'étude menée par le Crédit Suisse (2014). En outre, les scientifiques se sont emparés depuis longtemps de cette question avec des résultats assez comparables (Schruijer et Mostert, 1997 ; Landrieux-Kartochlan, 2004 ; Hoogendoorn et van Praag, 2012 ; Hoogendoorn, Oosterbeek et van Praag, 2013).

Il est néanmoins nécessaire d'accompagner la diversité dans les équipes pour qu'elles deviennent performantes. Il faut la manager.

On l'a compris, pour lutter contre les stéréotypes, il est nécessaire de s'appuyer sur des valeurs univoques et crédibles, avoir une direction qui montre l'exemple, et disposer de process respectueux et égalitaires. Mais qu'en est-il à l'étage du management de proximité et de la dynamique de travail dans les équipes ?

Diversité dans les équipes et contacts transversaux

On a commencé à l'évoquer dans le chapitre 9, les stéréotypes peuvent évoluer quand on fait en sorte que les différences se rencontrent et se parlent. En effet, l'entreprise est un lieu idéal pour la diversité. Les études en psychologie sociale font la démonstration depuis longtemps que le mélange, la rencontre avec l'autre sont des éléments déterminants pour faire évoluer les mentalités sous trois conditions :

▪ Il ne faut pas que cette rencontre soit fortement subie.

▪ Cette rencontre doit donner lieu à une forme de coopération.

▪ Ses « bénéfices » (qu'ils soient formels comme la performance ou informels comme le simple plaisir d'être ensemble) doivent être partagés (voir Corneille, 1994).

L'environnement professionnel remplit donc potentiellement ces trois conditions. Si l'entreprise diversifie volontairement la structure de sa population, si elle crée les conditions d'une coopération intelligente et si elle rétribue de façon équitable, elle permet une diversité très efficace sur la réduction et l'usage des stéréotypes.

Et dans la vraie vie

La diversité en entreprise peut être bien plus efficace que la mixité sociale imposée par la loi LRU concernant le taux minimum de 20 % de logements sociaux dans les villes de plus de trois mille cinq cents habitants. Si ce taux était à peu près équivalent dans toutes les villes de France concernées, on pourrait lui trouver des vertus sociales mais les déséquilibres politiques et démographiques font qu'elle produit une mixité subie, se contentant de juxtaposer des gens différents sans les faire vivre ensemble et avec aucun partage d'un quelconque bénéfice perçu de cette mixité. Au contraire même, elle peut générer soit des conflits dans le cas où elle est déséquilibrée, soit des phobies quand elle est absente.

L'entreprise est un bon écosystème pour faire évoluer les mentalités à long terme et donc les stéréotypes à condition d'y mettre la volonté. Car si ces trois conditions ne sont pas réunies, l'entreprise ne sera qu'un lieu de reproduction des crispations et des conflits qui existent à l'extérieur de ses murs. Car ne soyons pas évangélistes, l'hétérogénéisation de la population d'une entreprise est proportionnelle au degré de conflits qui peuvent en découler. Mélanger les sexes, les âges, les cultures et les modes de vie peut conduire à des incompréhensions et à des conflits inévitables.

Quand on parle de mélange, on ne doit pas se contenter de revendiquer une diversité structurelle de la population avec des ratios et des pourcentages censés être représentatifs de la population active à l'extérieur de l'entreprise. Les entreprises mettent parfois en avant un taux de féminisation « normal » au regard des viviers dans lesquelles elles recrutent. Certes, avec 20 % de femmes ingénieures, on est dans la norme du nombre de femmes formées dans ces écoles mais pour autant, on ne crée pas automatiquement les conditions d'un « mélange ». Pour le dire de façon plus scientifique, la diversité n'est pas forcément inclusive. Comment vivent ces femmes ? Sont-elles influentes sur les groupes ? Sont-elles écoutées ? Ont-elles les mêmes chances que les hommes d'accéder à des postes à responsabilité ? Rarement. L'inclusion, c'est le fait de faire vivre, ensemble, des gens qui sont différents, dans le respect de leur unicité. Et pour ce faire, l'entreprise doit parfois forcer le trait, stimuler les rencontres, et bien au-delà du sexe, de l'âge ou des origines.

Cela concerne aussi et surtout les métiers. Les entreprises fonctionnent souvent en silos, limitant fortement les opportunités de rencontres entre les métiers. Ils sont rarement au même étage, ne participent pas aux mêmes réunions, et ne déjeunent pas ensemble au restaurant. Quand et comment peuvent-ils se rencontrer et se parler ? Quand et comment peuvent-ils se connaître et se comprendre ? Quand et comment peuvent-ils déconstruire les stéréotypes qu'ils ont les uns envers les autres ?

Certaines entreprises ont développé des systèmes transversaux permettant de casser ces silos afin de stimuler le travail coopératif. Il s'agit de déployer des actions ponctuelles dans le temps sous forme de missions, réunissant des acteurs de différentes branches et de différents métiers. Pendant plusieurs semaines ou plusieurs mois, des acteurs de l'entreprise qui n'ont jamais l'occasion de travailler ensemble, vont devoir interagir, se découvrir, coopérer pour l'aboutissement d'une mission collective. On a là un bon exemple de l'impact de la mixité dans les équipes sur la déconstruction des stéréotypes.

L'ÉTUDE IMS...

Cette étude sur les stéréotypes a mis en évidence l'impact positif du contact sur les stéréotypes et particulièrement sur le handicap. Les managers les plus en contact avec des personnes en situation de handicap dans leur quotidien professionnel sont ceux qui ont les stéréotypes les moins négatifs. C'est juste la preuve évidente que le contact, quand il remplit les conditions évoquées (spontanéité, coopération et partage des résultats), est un réel levier de lutte contre les stéréotypes. En revanche, il est nécessaire que ce contact s'établisse dans le cadre professionnel et autour d'actions révélatrices des compétences opératoires. De façon assez contre-intuitive, l'étude montre que la fréquence des contacts avec des personnes en situation de handicap dans la vie privée n'a pas d'effet sur les stéréotypes professionnels envers les personnes handicapées.

Tous les discours militants, toutes les études scientifiques, toutes les lois sur l'égalité professionnelle ne remplaceront jamais l'efficacité d'une réelle mixité femmes/hommes dans les instances dirigeantes d'une entreprise. Si cet impact sur la performance des entreprises est très étudié, mais très difficile à démontrer de façon indiscutable, il est évident que c'est le meilleur moyen de prendre conscience que les stéréotypes sont souvent absurdes et contre-productifs. Mais là encore, il faut remplir les conditions d'une mixité efficace.

Et dans la vraie vie

La coordinatrice du réseau de femmes d'une grande entreprise française annonce un jour, très fière, qu'après plusieurs mois de « bataille », le réseau a réussi à faire intégrer une femme dans le Comex qui se composait jusqu'alors d'une quinzaine hommes. Mais quasiment dans la même phrase, elle se dit assez déçue de voir que la femme en question n'est pas aussi enthousiaste qu'elle. Pas si étonnant que cela. Imaginez ce que cette femme risque de vivre en étant la seule dans un groupe de quinze hommes ! Un an plus tard, elle fait le constat amer que cette expérience est bien douloureuse. Elle dit avoir du mal à faire entendre ses idées et elle s'étonne même de l'attitude de certains de ses collègues masculins qui sont adorables à la machine à café, mais qui se transforment en mâles dominants dès qu'ils sont en réunion du Comex. Voilà une mixité qui n'en est pas une. Cette femme ne peut pas lutter. Elle est isolée, soumise à des normes masculines bien huilées et que certains hommes eux-mêmes subissent. C'est la question de la masculinisation du management qui est ici en cause, thème cher à François Fatoux, président de l'Orse (« Les hommes : sujets et acteurs de l'égalité professionnelle », 2013).

Enfin, les contacts entre les collègues peuvent aussi se faire en dehors du contexte purement professionnel tout en restant dans les murs de l'entreprise. C'est là aussi un bon moyen de rencontre. On voit, par exemple, se développer dans les entreprises les *family day*. Un dimanche par an, chaque salarié est invité à venir passer la journée avec son conjoint et ses enfants. Outre le fait que c'est l'occasion pour les enfants de découvrir l'environnement de travail de leurs parents, on organise des activités récréatives pour les enfants. De façon indirecte, c'est aussi un bon moyen de faire se rencontrer et se parler des collègues sans leurs étiquettes hiérarchiques.

Vécu personnel

La responsable diversité d'un grand cabinet de conseil me raconte à quel point c'est amusant de voir les enfants avec leurs parents participer à un atelier de construction. Les enfants se rapprochent naturellement pour jouer ensemble et conduisent les parents à interagir, se découvrir des points communs et passer une bonne journée ensemble, alors qu'ils ne s'adressent jamais la parole dans le cadre professionnel.

Toutes les activités extraprofessionnelles proposées par les entreprises sont de bons vecteurs de déconstruction des stéréotypes car elles permettent des rencontres déconnectées des enjeux de pouvoir, de statut et de performance. Les entreprises ont tout intérêt à miser sur ces activités qui peuvent sembler être éloignées de leurs préoccupations mais qui, en réalité, portent leurs fruits à long terme sur le climat social et la qualité de la communication dans l'entreprise.

Pour être efficaces, les contacts intergroupes doivent donc se faire en respectant plusieurs conditions.

1. Dans l'idéal, la rencontre doit se faire avec plusieurs personnes, et non pas avec un cas isolé car il peut vite devenir le contre-exemple, l'exception, celui qui « n'est pas comme les autres ». C'est ce qui permet d'être à la fois homophobe tout en ayant un très bon ami homosexuel, ou antisémite tout en entretenant des relations privilégiées avec un voisin juif. Faire de la différence une exception est un bon moyen de gérer la dissonance produite par un stéréotype et un membre du groupe qui le contredit.

Vécu personnel

Saïd Siri est le seul Maghrébin de son équipe. Il contredit totalement le stéréotype classique que ses collègues ont envers son groupe. On lui reconnaît les compétences qu'on exige de lui, on salue son engagement et son honnêteté et on est « rassuré » de la distance qu'il met avec la religion. Il ne pose aucun problème relationnel. Pour autant, Saïd est perçu comme tellement atypique que cette « expérience » n'a aucune vertu de généralisation à l'ensemble du groupe des Maghrébins. Cela sidère Saïd au point qu'il me confie qu'il arrive à ses collègues de faire des « blagues » racistes devant lui, tellement il n'est même plus Maghrébin à leurs yeux !

2. Au-delà du fait que le contact doit se faire avec plusieurs personnes qui contredisent partiellement le stéréotype, celles-ci doivent, dans le même temps, être relativement représentatives du groupe auquel elles appartiennent. Elles doivent contredire *a minima* le stéréotype, mais sans être trop atypiques ou différentes des représentations habituellement véhiculées. Les « cas extrêmes » ne sont donc pas les meilleurs ambassadeurs de la lutte contre les stéréotypes. S'ils sont trop différents, trop exceptionnels, ils seront mis dans une sous-catégorie à part, ne remettant pas en cause la base même du stéréotype classique.

Vécu personnel

L ors d'une conférence sur le handicap, un sénateur paraplégique vient témoigner de son parcours professionnel. Ce parcours est absolument incroyable et ce témoignage force l'admiration de tous. Dans la salle, tout le monde est ému et fasciné par la capacité de résilience de cet homme, par sa force de caractère, son engagement et son abnégation. Pour autant, je ne suis pas certain que ce témoignage soit le plus efficace pour faire évoluer le stéréotype moyen existant envers les personnes en situation de handicap. En effet, ce parcours est tellement hors du commun qu'il ne permet pas de déduire de cet exemple une opinion changeante envers les personnes handicapées en général.

3. Enfin, le contact doit se faire préférentiellement dans le contexte professionnel. On a dit plus tôt dans ce chapitre qu'il faut favoriser les rencontres intergroupes aussi en dehors du cadre purement professionnel mais elles doivent prioritairement contredire les stéréotypes sur lesquels les collègues s'évaluent mutuellement. Si le stéréotype concerne les compétences opérationnelles (par exemple en informatique), il faut que ces contacts puissent concerner précisément ces idées reçues. Il est donc nécessaire de mettre en scène des rencontres sur des activités qui concernent les stéréotypes.

Vécu personnel

J e suis, par exemple, toujours suspicieux quant à l'impact réel des démonstrations handisport. Il est bien évident qu'il faut continuer à encourager ce genre de manifestation, mais elles sont largement insuffisantes si l'on veut faire bouger les stéréotypes sur les compétences professionnelles des personnes en situation de handicap. Assister à un match de basket dans lequel s'affrontent des joueurs en fauteuil roulant est une expérience étonnante car elle nous montre une agilité, une force et une motivation hors du commun de la part de ces joueurs. Cependant, qu'apprend-on quant à leurs compétences professionnelles ou leurs capacités à être de bons managers ? Je préfère les initiatives qui consistent à inviter des managers et des acheteurs à visiter des entreprises du secteur protégé. Rencontrer les personnes différentes mais toutes en situation de handicap dans l'exercice de leur fonction permet la reconnaissance de leurs compétences professionnelles.

Gestion des talents, accompagnement

Nous avons vu, dans le chapitre 8, les dégâts que peuvent causer des autostéréotypes ou des métastéréotypes négatifs sur la confiance en soi et les dangers d'autocensure que cela représente. C'est tout l'intérêt de l'accompagnement individuel ou de tout dispositif permettant un travail sur soi, sur sa carrière et son potentiel d'évolution.

En externe, il est évident que les bilans de compétence, le coaching sont de très bons outils pour prendre conscience de sa valeur et dépasser ses propres stéréotypes. Puisqu'ils sont souvent inconscients et qu'ils nous agissent de façon implicite, il est bénéfique pour un manager de prendre du recul et de faire le point sur la vision qu'il peut avoir de ses collègues et de lui-même. Il existe des outils permettant de mesurer les stéréotypes, soit de façon explicite (ce qui peut soulever certaines défenses), soit de façon implicite. On peut par exemple citer le TAI (Test d'associations implicites), développé par l'université de Harvard et qui mesure la vitesse à laquelle notre cerveau, indépendamment de notre volonté, fait des associations automatiques entre des compétences professionnelles et des groupes de personnes.

En interne, la gestion des talents se fait par des dispositifs permettant d'accompagner des personnes qui en ressentent le besoin, de pouvoir faire le point sur leurs compétences et appétences. Même si l'objectif affiché est très opérationnel, il s'agit de très bons outils pour prendre conscience de certains biais de comportement parmi lesquels on retrouve le recours aux stéréotypes. On retrouve des dispositifs collectifs comme les réseaux et les groupes de parole et les dispositifs individuels comme le mentorat, le tutorat ou le parrainage.

Les réseaux dits « de femmes » sont apparus pour répondre à un besoin de rétablir une forme d'égalité des chances dans les entreprises. Le principe est d'apporter aux femmes un réseau de communication leur permettant d'échanger, de verbaliser des ressentis et de trouver des ressources. Par rapport aux stéréotypes, la question qui nous intéresse ici concerne la mixité de ces réseaux. Réseaux de femmes ou réseaux mixtes ? La réponse dépend vraiment de plusieurs paramètres dont le secteur d'activité, l'ancienneté et surtout la proportion réelle femmes/hommes dans l'entreprise et les éventuelles inégalités qui en découlent. Le propos ici n'est pas de trancher au global pour une formule plutôt qu'une autre mais si on raisonne uniquement en termes de réduction des stéréotypes, il semble évident que le modèle mixte semble le plus profitable. Comment, en effet, imaginer réduire les stéréotypes femmes/hommes en créant un réseau réservé aux femmes (et parfois uniquement aux femmes cadres) ? Cela revient à l'idée que seules les femmes peuvent réfléchir aux meilleurs moyens de lutter contre les inégalités dont elles sont victimes ! Cela peut communautariser et sexuer les positions dans l'entreprise, envoyer un message discriminatoire aux hommes et créer chez eux, en retour, un sentiment méprisant les amenant à comparer les rencontres du réseau à des « réunions Tupperware » comme on l'entend souvent.

CE QU'EN DIT LA RECHERCHE

Certaines études (Lorenzi-Cioldi et Buschini, 1994 ; Heilman *et al.*, 1992) mesurent les effets pervers d'un dispositif trop volontariste de féminisation s'approchant d'une forme de discrimination positive. Les résultats montrent qu'aussitôt que la promotion d'une femme est perçue comme le résultat d'un dispositif de discrimination positive (que ce soit vrai ou non d'ailleurs), celle-ci est stigmatisée, étiquetée et ses compétences sont dévalorisées. Il sera donc très difficile pour elle ensuite de s'imposer dans un environnement qui, de fait, sera suspicieux quant à ses compétences et donc moyennement accueillant.

Il est bien évident qu'un réseau a besoin, ponctuellement, d'organiser des réunions réservées aux femmes pour traiter certains sujets. Mais pour lutter efficacement contre les stéréotypes, il est nécessaire que celui-ci puisse être ouvert aux hommes afin de réfléchir, ensemble, aux inégalités et aux meilleurs moyens de les réduire.

Enfin, en matière d'accompagnement individuel au sein des entreprises, le dispositif de mentorat, là encore pensé pour faciliter la progression des femmes dans la hiérarchie, se révèle être un bon levier de lutte contre les stéréotypes liés au sexe (voir Szczyglak, 2014). On l'a vu dans le chapitre 7, le mentorat est le plus souvent réservé aux femmes mais les mentors peuvent être indifféremment des hommes ou des femmes. Le principe est de créer des binômes entre une *mentee* (ou une mentorée selon les dénominations choisies par les entreprises) et un ou une mentor-e qui, en général, a davantage d'ancienneté et occupe un poste plus élevé dans la hiérarchie. Les rencontres se font à un rythme régulier sur une période donnée avec l'objectif d'accompagner la *mentee* dans son parcours en lui donnant des clefs sur l'entreprise (réseau, fonctionnements implicites...) et en l'aidant à mieux connaître et comprendre ses compétences et ses envies.

Le mentorat est donc un moment de rencontre entre deux acteurs de l'entreprise qui ne sont pas dans la même ligne hiérarchique pour éviter les conflits d'intérêts. De fait, ces rencontres sont incidemment d'excellents leviers pour découvrir l'autre, l'entreprise autrement, à travers des métiers et des pratiques méconnus. En somme, le mentorat permet de déconstruire certains stéréotypes.

Vécu personnel

Lors de sessions d'accompagnement de mentors ou de *mentees* que j'ai pu animer, il est assez fréquent d'entendre des mentors dire à quel point ils ont découvert ce que représente le fait d'être une femme dans leur entreprise. *Idem* du côté des *mentees*, elles témoignent souvent du fait qu'elles sont étonnées de voir des hommes occupant des postes hiérarchiques élevés dans l'entreprise consacrer de leur temps pour les accompagner. On retrouve ici les vertus d'une mixité spontanée et coopérative. Et les bénéfices dépassent largement le cadre attendu. Une femme mentor raconte lors d'une réunion qu'en accompagnant sa *mentee*, elle a pris conscience de ses propres compétences et de son envie de progresser, elle aussi, dans l'entreprise...

Pour finir avec cette réflexion sur l'ouverture ou non aux hommes des dispositifs collectifs ou individuels d'accompagnement dans les entreprises, il faut comprendre la différence qui existe entre sexe et genre. Le sexe est la différence anatomique entre les hommes et les femmes, rien de plus. Nous savons aujourd'hui clairement qu'aucune caractéristique intellectuelle, émotionnelle ou sociale est majoritairement conditionnée par le biologique (pour une revue de questions, voir Vidal, 2012). Faire une différence femmes/hommes est un non-sens car ce qui compte dans les entreprises, c'est le genre, c'est-à-dire la sexuation des aptitudes et comportements au regard de la construction sociale donc chacun-e est issue-e. Ainsi, le genre ne se résume pas à une répartition binaire en deux catégories disjointes et issues de deux planètes. Il existe des hommes qui n'ont pas de codes comportementaux et/ou sociaux masculins et qui sont d'ailleurs victimes de la masculinisation du management au même titre que les femmes. À l'inverse, certaines femmes ne se reconnaissent pas du tout dans les codes féminins. De plus, les fonctions dans les entreprises sont très sexuées. On sait que les femmes sont majoritaires dans des fonctions support et que les hommes le sont dans des fonctions opérationnelles. De fait, tous les croisements sont possibles. Les femmes ingénieures dans un environnement masculin sont en perte de repères et peuvent se sentir exclues au même titre que les hommes qui évoluent dans des secteurs où les femmes sont majoritaires.

Enfin, 6 % à 9 % de la population adulte se déclare aujourd'hui LGBT. Je ne vais pas me confondre dans des stéréotypes mais cela rajoute à la complexité de ce qu'est le genre au regard de la distinction binaire et simplificatrice que nous impose une vision des rôles autour du sexe anatomique. En d'autres termes, les femmes et les hommes d'une entreprise peuvent se retrouver dans des situations extrêmement variées en fonction de leur éducation, du poste qu'ils occupent et du contexte dans lequel ils évoluent. Réduire cette complexité à une opposition femmes/hommes est l'inverse de ce qu'il faudrait faire en matière de déconstruction des stéréotypes. Car plus un groupe est perçu comme hétérogène, moins le stéréotype est vigoureux car il repose sur la nécessaire illusion d'une ressemblance forte. Les hommes constituent un groupe aussi hétérogène que celui des femmes et ces deux groupes ne peuvent pas être réduits à quelques caractéristiques moyennes différenciées sur la base d'une distinction anatomique dont la responsabilité est quasi nulle sur ce que nous sommes, ce dont nous sommes capables et ce dont nous avons envie.

CE QU'EN DIT LA RECHERCHE

Un bon exemple concerne le stéréotype sur les différences femmes/hommes quant à l'orientation dans l'espace. Catherine Vidal relate des travaux intéressants à ce sujet. D'une part, ces différences sont culturelles. Si elles apparaissent dans les sociétés occidentales montrant de meilleures performances des hommes, il n'en est rien en Afrique où les femmes sont habituées, très tôt, à parcourir parfois des dizaines de kilomètres en quête d'eau ou de nourriture. D'autre part, ces différences sont partiellement liées au fait qu'on laisse plus facilement le petit garçon jouer dans l'espace public, à des sports collectifs, particulièrement propices au développement du repérage spatial alors que la petite fille restera plus souvent à la maison, pratiquant des activités plus individuelles. Enfin, et c'est le plus important, même quand on constate une supériorité des hommes concernant la compétence de l'orientation spatiale, les expériences montrent qu'il suffit d'une semaine d'entraînement pour que les femmes les rattrapent. Et c'est la même chose pour les compétences langagières, pour la gestion des émotions ou la fameuse « bosse des maths »...

Diversité ascendante : émergence de rôles modèles

Le management met toujours en scène des relations professionnelles asymétriques. Quand on regarde le casting managers versus non-managers dans les entreprises, on constate très vite que les rôles ne sont pas équitablement distribués en fonction des catégories sociales, sexuées et ethniques. De fait les managers sont plus souvent des hommes, plutôt blancs, valides, diplômés quand les non-managers sont beaucoup plus diversifiés. Cette asymétrie sociologique renforce de façon automatique et assez persuasive la crédibilité des stéréotypes. On pourrait facilement en déduire que puisque ces gens-là sont des managers, c'est bien la preuve qu'ils sont meilleurs et que les stéréotypes dont font l'objet les minorités ont un fond de vrai.

En outre, il est clair que la capacité à se projeter dans sa carrière et à évoluer vers des postes à plus haute responsabilité dépend très fortement de la capacité à s'identifier à des rôles modèles. Mais comment s'identifier à des modèles parfois si différents dans leurs caractéristiques, dans leurs attitudes et leurs modes de fonctionnement ? La diversité « ascendante » est donc une réponse indispensable afin de créer un « appel d'air » pour ceux qui sont cantonnés à des rôles subalternes. La présence, aux plus hautes fonctions de l'entreprise, de personnes « atypiques », issues de la diversité quelle qu'elle soit, est un levier essentiel pour susciter des appétences et pour donner confiance à celles et ceux qui ont internalisé un rapport de force archaïque et fataliste.

Et dans la vraie vie

Depuis quelques années, des associations ont compris cette nécessité de travailler sur la diversité dans les entreprises mais pas seulement à la base de la pyramide. L'action de ces associations est de concentrer leurs efforts sur l'insertion des hauts diplômés issus de la diversité sociale et/ou ethnique, en général à partir de bac + 4. C'est le cas de Nos quartiers ont des talents, de l'AFIP pour les diversités visibles ou encore de l'association Passeport Avenir qui concentre son action sur l'accompagnement de jeunes issus de milieux populaires dans leurs études supérieures jusqu'à l'obtention de leur diplôme par le biais d'un tutorat professionnel qui va jusqu'à l'insertion professionnelle. Ces associations ont une vraie mission d'égalité des chances et un réel pouvoir de lutte contre les stéréotypes.

Créer la diversité pour des postes à haute responsabilité revient à agir sur trois fronts en même temps. D'une part, cela déconstruit les hétérostéréotypes selon lesquels ces personnes n'ont pas les capacités pour ce genre de poste. Dans ce sens, les actions de tutorat que peuvent proposer des associations comme Passeport Avenir dans l'accompagnement pendant les études sont des dispositifs bénéfiques pour tous. Les parrains qui bénévolement accompagnent ces jeunes sont, par définition, les plus ouverts à la diversité mais cet accompagnement envoie, dans les entreprises, un message fort en interne pour les collaborateurs les plus dubitatifs. Ces jeunes ont plus facilement accès à des entretiens de recrutement, ils obtiennent plus aisément des stages. Cette « insertion » progressive ne peut que faire bouger les lignes des stéréotypes par une logique de cooptation et de confiance dont ils font légitimement l'objet. Pour déconstruire les stéréotypes, toute entreprise a intérêt à promouvoir en interne la participation à ce genre de dispositif. Même si cela conduit à des recrutements dans d'autres entreprises, les managers impliqués évoluent dans leurs convictions et peuvent changer leur discours en interne.

D'autre part, cela réduit les autostéréotypes négatifs dont certains pourraient faire l'objet en internalisant certaines représentations sur la base d'une asymétrie des places dans l'entreprise, liée au sexe, à l'origine sociale ou à la couleur de peau. D'un coup, ils sont accompagnés, tutorés, parrainés. En un mot, ils ressentent le fait que leurs diplômes ont du sens, que tous leurs efforts ne sont pas vains et qu'il existe une place pour eux dans les entreprises. Voilà une bonne façon de doper la confiance en soi et de se présenter de façon beaucoup plus solide quand on doit affronter les différents épisodes de l'insertion professionnelle.

Enfin, cela affaiblit les métastéréotypes car le message envoyé par l'entreprise peut réussir à convaincre ces groupes qu'ils évoluent dans un environnement accueillant, dépourvu d'idées reçues et qu'ils peuvent bénéficier d'une certaine égalité de traitement.

Vécu personnel

Lors d'une convention annuelle de l'association Passeport Avenir à laquelle Benjamin Blavier m'avait invité, je suis interrogé sur les freins qui peuvent exister dans l'insertion des jeunes diplômés des universités. Il se trouve qu'à cette époque, j'étais encore maître de conférences en psychologie à l'université d'Amiens et dans le même temps, j'avais déjà une charge de cours à ESCP Europe. Alors, la même semaine, il m'arrivait de donner un cours magistral à des étudiants de première année de psychologie dans une région sinistrée par la crise économique et dans une filière que l'on présente aux étudiants eux-mêmes comme une voie sans issue pour 90 % d'entre eux ! Et, le lendemain, je pouvais me retrouver dans une salle confortable et suréquipée, devant une classe d'une vingtaine d'élèves de ESCP Europe, quasiment tous issus d'une école préparatoire élitiste et auxquels on répète tous les jours qu'ils sont l'élite de la Nation ! Vous imaginez le contraste. Et donc, dans cette conférence, j'explique que ce qui saute aux yeux entre ces deux populations, c'est bien plus la différence de confiance en soi qu'un réel décalage de compétences intellectuelles. Bien sûr, les étudiants d'écoles de commerce sont très cultivés, avec une tête bien faite mais surtout, ils ont une confiance en eux sans faille. À l'université d'Amiens, les étudiants sont issus de filières moins prestigieuses dans le secondaire, ils sont sûrement moins vifs mais surtout, ils portent sur leurs épaules les stigmates des « études inutiles », des « filières surencombrées » et des « avenirs sans avenir ». Comment raisonnablement imaginer qu'ils puissent se projeter, confiants, dans une carrière professionnelle ? Comment imaginer qu'ils puissent se rendre, sereins, à un entretien de recrutement tant ils ont internalisé les stéréotypes négatifs dont ils font l'objet ?

La diversité est, à mon sens, beaucoup plus impactante à mesure qu'on monte dans la hiérarchie d'une entreprise car elle concerne les décisions majeures, la stratégie et les orientations d'action. C'est donc à ces niveaux qu'elle est indispensable car elle apporte de la créativité par l'hétérogénéité des points de vue et des histoires de vie. Mais cette diversité doit être bien réelle. Si l'on impose des codes culturels, managériaux, voire langagiers ou vestimentaires, à cette diversité pour la rendre conforme aux normes existantes, elle perd tout son sens. D'une part, elle ne permet plus l'émergence de cette créativité si nécessaire aux entreprises aujourd'hui, mais surtout elle perd toutes ses vertus de déconstruction des stéréotypes. En outre, si l'on mise sur cette diversité ascendante pour faire émerger des rôles modèles et créer un appel d'air pour des appétences futures, il est clair que ces modèles doivent continuer à être des sources d'identification, sans quoi ils peuvent même créer des refus d'identification et entretenir une forme de plafond de verre par le biais de l'autocensure.

L'étude IMS...

C'est le cas par exemple avec la promotion des femmes dans les instances dirigeantes des entreprises. Dans l'étude IMS de 2012, il apparaît clairement que certaines entreprises imposent des valeurs tellement masculines dans le top management que certaines femmes, pour évoluer dans leur carrière, n'ont d'autre choix que de masculiniser « leur jeu ». Pour la plupart, elles le font de façon inconsciente, mais le résultat est que les femmes plus jeunes occupant des postes de management intermédiaire, ne se reconnaissent absolument pas dans ces femmes cadres supérieures qui ont perdu toute capacité à générer des envies de progression professionnelle. Et dans ce cas, la promotion de la diversité perd tout son sens.

Les rôles modèles peuvent être un excellent levier pour la promotion de la diversité et donc pour la déconstruction des stéréotypes, mais à la condition qu'on leur permette de rester eux-mêmes et de faire perdurer la diversité des personnalités, des attitudes, des styles de management et des modes de relations sociales. On vante, par exemple, les valeurs nouvelles de la génération Y et on mise sur le temps pour qu'elles changent les normes des entreprises. Même en admettant qu'elles soient différents, c'est sans compter sur le poids des normes et du conformisme qu'ils risquent de subir dans les premières années de leur existence professionnelle. Si l'entreprise ne leur permet pas de laisser exister ces valeurs nouvelles, elles vont vite être écrasées par les codes de l'entreprise comme c'est le cas pour l'équilibre des temps de vie.

Sanctions/reconnaissance

Sans promouvoir un système qui serait punitif, il est important que le manager sache identifier les actes et les propos conformes ou contraires aux valeurs de l'entreprise et puisse prendre des mesures en conséquence. Si l'on veut efficacement lutter contre les stéréotypes, il faut se donner les moyens d'identifier et de punir celles et ceux qui ne respectent pas ces consignes. Les mauvaises blagues, les notes manuscrites déplacées prises sur un candidat lors d'un entretien, les écarts de langage sont autant de microscopiques résurgences des stéréotypes qui ont toutes les chances de se banaliser si on les laisse fleurir. Sanctionner ne signifie pas forcément blâmer de façon publique et officielle avec une punition matérielle. Sanctionner c'est juste intervenir. Faire savoir. Rendre explicite et automatique le fait que toute action ou toute décision stéréotypée n'est pas la bienvenue. Et le plus souvent, comme les stéréotypes émergent de façon automatique, sans répondre à une intention idéologique de nuire, les remarques sont bien acceptées quand elles sont bienveillantes. Et petit à petit, les corrections se font et les stéréotypes perdent leur caractère normatif.

Vécu personnel

Je me souviens, il y a quelques années, d'une de mes premières interventions sur les stéréotypes dans un cabinet de recrutement, à laquelle j'avais été invité par une femme qui allait devenir, des années plus tard, ma collègue préférée. À l'issue de la conférence, je lui donne ma clé USB sur laquelle était gravée une version pdf de ma présentation afin qu'elle puisse la diffuser et je lui demande : « Vous saurez faire ? » Elle me répond très aimablement et sans aucune agressivité : « En dépit du fait que je suis une femme, oui je pense que je vais y arriver ! » Aurais-je posé la question si elle avait été un homme ? L'histoire ne le dit pas mais peut-être que non. Après deux heures de conférence, la fatigue n'empêche pas mon stéréotype de prendre le pouvoir et me fait dire une telle ânerie. La bonne idée de cette femme a été de me faire la remarque subtilement, avec le sourire, en me laissant tout idiot devant elle, face à mes propres stéréotypes. Merci Léo...

Mais si c'est utile de « sanctionner », ça l'est tout autant d'être reconnaissant face à des initiatives, des prises de position et des décisions respectueuses du non-recours aux stéréotypes. Identifier et promouvoir l'égalité de traitement, les décisions non biaisées, la communication et les événements autour des thèmes liés à la diversité sont aussi de bons moyens de promouvoir les bonnes pratiques et de les rendre normatives dans l'entreprise. Le meilleur allié des stéréotypes c'est sa banalisation. Plus les stéréotypes sont perçus comme normaux et gravés dans le marbre, plus il sera difficile de les désincruster. En revanche, cela fonctionne dans l'autre sens. Plus les stéréotypes sont déviants, plus il est facile de les contourner, avec le même automatisme que celui qui nous pousse à en abuser.

chapitre 12

Agir sur
les personnes

Je tenais à conclure ce livre par un chapitre utile et utilisable dès la fin de sa lecture. Pour lutter contre l'effet néfaste des stéréotypes, il existe en effet des solutions que chacun et chacune peut déployer dans son quotidien professionnel (et pourquoi pas dans sa vie quotidienne). En effet, s'il est impossible de déprogrammer notre cerveau des schémas préconçus et des stéréotypes les plus archaïques, il est en revanche envisageable de se mettre dans des conditions lui permettant de les rendre inopérants. Au risque de me répéter, il faut, en effet, distinguer le fait d'avoir des stéréotypes et l'action qui consiste à les utiliser. Si l'entreprise, peut agir sur nos opinions, nous avons aussi la possibilité d'agir de sorte que nos décisions soient les moins biaisées possible. Voici donc quelques leviers individuels et contextuels pouvant nous aider dans cette démarche.

L'acceptation
de ses stéréotypes

Jacques-Philippe Leyens publie en 2012 un livre brillant (*Sommes-nous tous racistes ? Psychologie des racismes ordinaires*) dans lequel il fait la démonstration que le seul moyen d'éradiquer le racisme est de lui faire face en acceptant sa banale universalité. Mais cela passe par une humilité d'abord individuelle puis collective, quant à notre fonctionnement cognitif, nos attitudes et notre histoire.

J.-Ph. Leyens écrit page 30 : « L'histoire montre une série de révolutions qui ont chaque fois descendu les hommes, ou certains d'entre eux, du piédestal où ils s'étaient eux-mêmes placés. Avec la révolution copernicienne, la Terre n'était plus le centre du monde [...]. Darwin a fait remonter les origines de l'homme aux primates. Freud a montré que l'inconscient pouvait dépasser en force le conscient. À chaque fois, l'image d'un homme noble, souverain même a été ternie [...]. Pourtant, à chaque fois aussi, ce retour à l'humilité a fait progresser l'humanité. »

La toute première étape de ce chemin vers l'exactitude concerne l'humilité avec laquelle il convient d'aborder la question. Si les stéréotypes sont « normaux », il est possible et souhaitable d'accepter leur existence afin de les mettre à distance. Pour ce faire, il faut sortir du carcan moral dans lequel ils sont enfermés par la culture. En effet, selon cette dernière, avoir des stéréotypes reviendrait, dans une vision moralisatrice, à être un « méchant » qui préjuge, exclut et discrimine. Aussi, on comprend pourquoi notre réflexe naturel est de lever des boucliers nous protégeant contre ce genre d'attaque blessante pour notre image. Dans les formations que j'anime, il arrive que des participants s'insurgent contre l'idée que nous avons tous des stéréotypes, n'acceptant pas le fait d'être concernés personnellement. Et tous les arguments sont bons pour justifier des positions alternatives : l'éducation tolérante, l'intelligence et/ou la culture, la citoyenneté, le plaisir de la différence...

Tous ces arguments sont entendables et vrais. Pour autant, peuvent-ils réellement empêcher l'existence et la transmission de stéréotypes archaïques, ancrés dans notre ADN social ? Assurément non. En cela, les mesures implicites des stéréotypes sont très convaincantes. Par exemple, le Test d'associations implicites (TAI) permet de faire prendre conscience de ces stéréotypes au-delà des opinions, des valeurs et des engagements.

Vécu personnel

Lors d'une action de sensibilisation sur le handicap dans un cabinet de conseil, nous faisions passer des TAI à des consultants afin de leur faire prendre conscience qu'ils peuvent avoir des stéréotypes à leur insu. Une femme passe le test et obtient un score qu'elle perçoit comme douloureux, montrant que son cerveau est pétri de stéréotypes négatifs envers les personnes handicapées. Elle m'interpelle à l'issue du test, me disant qu'elle est à la fois étonnée et atterrée car elle a un enfant handicapé dont elle s'occupe depuis plus de quinze ans. On voit là qu'en dépit de nos explications, elle ne supporte pas l'idée d'avoir un tel stéréotype parce que cela recouvre une dimension morale trop dure à accepter. Je lui réexplique alors que ce test fait juste la démonstration que la culture a produit, en elle, un stéréotype négatif mais que pour autant, cela ne signifie pas qu'elle pense du mal des personnes handicapées et encore moins qu'elle se sert de ces stéréotypes quand elle s'occupe de son fils. Mais que c'est difficile de faire admettre et d'expliquer cette réalité tant les stéréotypes nous sont « vendus » et imposés comme des tares sociales !

Pour faire bouger les stéréotypes, il nous est nécessaire d'admettre leur existence sans quoi, nous risquons de nous enfermer dans des positions de déni, contre-productives pour notre équilibre et notre besoin de consonance et surtout, rendant impossible toute volonté de les faire évoluer. Comment soigner un alcoolique s'il est socialement contraint de nier l'existence de son addiction ? Un « alcoolique mondain » qui boit quotidiennement mais jamais au point de perdre le contrôle de la situation, se cache précisément derrière cet argument pour justifier le fait qu'il n'est pas alcoolique. C'est ce qui empêche tout travail lui permettant de se défaire de cette addiction. Il en va de même pour les stéréotypes. Le déni empêche le travail sur soi et rend impossible toute évolution personnelle.

En management, on appelle cela la capacité à « l'auto-déploiement ». Dans le cadre professionnel, bien se connaître, identifier ses mécanismes de défense, circonscrire ses « zones d'ombre » dans les relations avec autrui sont des éléments essentiels de dépassement des raccourcis de pensée, des décisions erronées et des stéréotypes.

Pour autant, s'il faut libérer la pensée et la parole sur les tabous concernant les stéréotypes dans les entreprises afin de pouvoir les discuter et les faire évoluer, il faut, dans le même temps, rester intransigeant sur leur utilisation ! C'est toute la difficulté d'une action de sensibilisation sur les stéréotypes. Il est fréquent que les entreprises me sollicitent avec le message suivant : « Vous savez chez nous il n'y a pas vraiment de problème... » De fait, le danger serait, par cette démarche de déculpabilisation, de faire entendre qu'ils sont « normaux » et de légitimer leur utilisation. C'est, bien sûr, le contraire que nous expliquons. Faire émerger les stéréotypes sert à les mettre à distance mais en aucun cas à justifier leur recours dans les relations professionnelles.

L'ÉTUDE IMS...

Dans les trois volets de l'étude IMS sur les stéréotypes, nous avons été confrontés à ce danger perçu par les entreprises partenaires. Nous mesurons des stéréotypes mais ensuite qu'en faisons-nous ? Une fois mis à plat le fait que les managers ont, par exemple, des stéréotypes négatifs envers les personnes en situation de handicap, comment ne pas imaginer que le consensus qui ressort de l'étude pourrait faire penser à chacun : « Puisque tout le monde le pense, ce doit être vrai. » Notre responsabilité est grande quand nous envisageons une telle démarche. Il faut accompagner ces mesures de solutions et de préconisations permettant une action de sensibilisation visant à réduire l'impact de ces stéréotypes. Cette crainte des entreprises a été particulièrement forte dans le volet sur les origines ethniques. Certaines entreprises redoutaient les résultats et j'en profite pour les remercier pour le courage dont elles ont fait preuve.

La connaissance de l'altérité

Le second levier individuel de déconstruction des stéréotypes concerne la connaissance que nous pouvons avoir de l'altérité. Celle-ci est primordiale pour déconstruire les stéréotypes et surtout limiter leur utilisation dans des situations d'interactions individuelles. Elle revêt deux vertus ;

1. On a vu, dans le chapitre 3, à quel point le sentiment de contrôle est un des fondamentaux de notre équilibre psychique. Savoir, comprendre et expliquer sont des besoins essentiels. Dans cette mesure, la connaissance et la culture sont des leviers efficaces en la matière. En effet, la méconnaissance génère des croyances, des rumeurs et toutes les formes de pensée magique. Moins je connais l'autre, plus il m'apparaît comme étrange et donc moins je sais expliquer comment il fonctionne, pourquoi il est différent. La xénophobie, au sens propre du terme, est une peur de ce qui est différent. Pour des raisons archaïques qui font le bonheur des psys, la différence effraie, menace et freine nos envies de la découvrir. Rejeter les différences permet de maintenir des frontières étanches et de nous rassurer. Pour dépasser cette phobie de l'autre, il est indispensable de se cultiver. Dans le chapitre précédent, nous avons exploré les vertus du contact direct avec l'autre et du mélange dans le quotidien professionnel. Cette mixité doit s'accompagner d'une culture accrue des groupes, des habitudes, des rituels et des modes de fonctionnement qui peuvent sembler effrayants tant qu'ils sont méconnus. C'est particulièrement vrai pour le handicap psychique. La dépression, la schizophrénie ou encore les troubles bipolaires sont des états potentiellement handicapants mais permettant d'accomplir correctement des tâches professionnelles. Pourtant, les dépressifs font par exemple l'objet de stéréotypes beaucoup plus négatifs que les déficients sensoriels ou que les personnes victimes d'un handicap physique. Cela s'explique par l'absence totale de connaissance sur le handicap psychique. La dépression fait peur parce qu'on ne la comprend pas. D'où vient-elle ? Quelles facultés affecte-t-elle ? Peut-on ou doit-on en parler ? Comment peut-on en sortir ? Qui est responsable ?

2. La connaissance des autres groupes a aussi une vertu purement perceptive qui permet de limiter le recours aux stéréotypes. Par construction, tous les groupes sont hétérogènes, c'est-à-dire composés de personnes différentes dans leurs caractéristiques physiques, opinions ou modes de vie. Les différents peuples européens forment des groupes dans lesquels il existe autant de variabilité qu'au sein des Français. Pourtant, pour les Français, les Italiens sont tous bruns, les Allemands tous blonds et les Anglais tous roux !

Donc, nous avons toutes et tous la sensation que les groupes auxquels nous n'appartenons pas sont plus homogènes que les nôtres. Il s'agit en réalité d'une illusion perceptive tout à fait automatique. Le problème est qu'elle prédispose à l'existence des stéréotypes et à leur utilisation potentielle. En effet, si nous avons une vision homogène d'un groupe, cela renforce le sentiment d'exactitude que nous accordons aux stéréotypes et ainsi la légitimité de leur utilisation. Si tous les Noirs sont joyeux et bons vivants, pourquoi imaginer que celui que je vais recevoir en entretien de recrutement ne l'est pas ?

La connaissance des autres est donc un moyen d'augmenter la variabilité perçue au sein des groupes afin de faire perdre aux stéréotypes leur légitimité et de freiner leur utilisation. En la matière, le stéréotype existant envers les personnes handicapées est un bon exemple. Nous parlons « du handicap » pour réunir des personnes extrêmement différentes au regard de la variabilité des handicaps qui peut exister. Comment avoir une image comparable envers un diabétique, un autiste ou une personne paraplégique ? Cela n'a aucun sens. Et pourtant on continue à parler DU handicap, comme on parle de la journée de LA femme. Le handicap n'existe pas plus que LA femme. Il existe DES handicaps, DES Noirs, DES seniors et DES femmes. Ce détail lexical est fondamental car il est la première marche vers une représentation hétérogène des groupes. S'il existe DES Noirs, lequel ai-je face à moi lors de cet entretien de recrutement ? Aucune idée. Du coup, comment puis-je prédire qu'il est forcément joyeux et bon vivant ? Je ne le peux pas. Mon stéréotype persiste mais il devient impossible à utiliser sans risque dans une situation d'évaluation.

Pour lutter contre l'utilisation des stéréotypes, il faut donc stimuler les contacts, favoriser la mixité mais aussi cultiver et augmenter le niveau de connaissance dont on dispose sur les groupes.

La motivation

On a vu, à plusieurs reprises dans ce livre, combien le recours aux stéréotypes dépend fortement de notre capacité à leur résister ou non. Les stéréotypes peuvent s'emparer de nous, et ne « rien faire » revient à leur laisser le champ libre pour nous manipuler. Il faut donc AGIR pour éviter qu'ils biaisent nos opinions et nos actes. Pour cela, il faut allier motivation et énergie.

La motivation est au cœur de notre activité professionnelle car notre inclination naturelle au travail est somme toute assez relative. Nous devons donc être motivés pour travailler. En management comme en psychologie, les théories sur la motivation sont pléthoriques (pour une revue de questions, voir Aubert, 2005). On analyse les fondements de la motivation, on les hiérarchise, on déploie des modèles parfois mathématiques pour expliquer comment la motivation impacte notre rapport au travail. Franchement, les théories sont souvent plaisantes intellectuellement mais parfois bien superflues ! Qui n'a jamais fait l'expérience d'une défaillance de motivation le lundi matin, chaque jour vers 14 heures et le vendredi à partir de 16 heures ? Quoi qu'il en soit, la motivation ne concerne pas seulement l'énergie et l'application que l'on peut mettre dans son travail, elle impacte également les relations sociales et la justesse de nos attitudes qui en découlent. Concernant plus spécifiquement les stéréotypes, la motivation est un état clef pour éviter qu'ils s'imposent à nous, par la recherche de l'exactitude. Plus nous sommes motivés à être exacts dans les évaluations que nous formulons et dans nos opinions, plus nous sommes capables d'allouer une énergie nécessaire pour éviter tous les biais qui peuvent s'imposer à nous et par là même les stéréotypes.

On soumet aux salariés d'une entreprise le CV et la lettre de motivation d'un prétendu candidat (Fiske et Neuberg, 1990). On leur demande de lire attentivement ces deux documents car il leur sera posé des questions destinées à mesurer leur opinion envers celui-ci. Les résultats dépendent fortement du degré de motivation qui est manipulé dans cette étude. Il est dit à la première moitié des répondants que ce candidat doit être recruté dans un service différent du leur et qu'ils n'auront probablement jamais l'occasion de travailler avec lui. Et il est dit à la seconde moitié que s'il est recruté, le candidat partagera leur bureau pendant les vingt-quatre prochains mois. Dans le premier cas, les répondants peu motivés par un exercice peu engageant pour eux, examinent les documents plus rapidement, mémorisent moins bien les informations et surtout formulent une évaluation très stéréotypée du candidat. Dans le second cas, les répondants sont motivés à ne pas se tromper car ils ne veulent pas partager leur bureau avec n'importe qui, prennent leur temps, examinent scrupuleusement les deux documents et évaluent le candidat de façon beaucoup plus juste et personnalisée, dépassant leurs propres stéréotypes.

Être motivé revient à décider de dépenser de l'énergie mentale et donc à limiter le recours automatique aux stéréotypes.

La routine et l'ennui sont des facteurs de démotivation importants pouvant conduire à un recours abusif des stéréotypes. C'est précisément quand on est expert qu'une tâche devient routinière, ennuyeuse et que l'on s'autorise quelques aménagements avec le protocole recommandé. Quand un recruteur réalise ses premiers entretiens, le manque d'expérience et la peur de se tromper augmentent le seuil de vigilance. On pose toutes les questions prévues, on prend des notes scrupuleuses, on fait un compte rendu détaillé, on fait un tableau avec les « plus » et les « moins » du candidat et on rend un verdict détaillé et argumenté. Et puis, avec le temps, l'expérience (que l'on confond parfois avec l'expertise) et la répétition de l'exercice nous mettent dans une situation de confiance en soi. On sait faire, on a des « petits trucs », on a l'habitude... Alors on prend moins de notes, on mène des entretiens dont la durée est de moins en moins homogène et on rédige des comptes rendus plus approximatifs. En bref, on y met moins d'application et d'efforts et c'est précisément là que les stéréotypes risquent de reprendre le pouvoir.

L'aménagement des ressources physiques et mentales

Mais être motivé ne suffit pas. Encore faut-il avoir l'énergie à mettre à sa disposition. Et là encore, les ressources physiques disponibles sont des éléments très impactants sur le recours aux stéréotypes.

Le stock d'énergie dont nous disposons n'est pas infini dans un espace de temps donné. Le matin, nous démarrons la journée avec un stock d'énergie comparable à la batterie de notre téléphone. Nous sommes à 100 % (même si on a du mal à le ressentir ou à le voir dans le miroir de la salle de bains). Plus la journée avance, plus nous puisons dans nos ressources, plus notre énergie se réduit. Autrement dit, plus nos efforts sont importants et moins il nous reste d'énergie car celle qui a déjà été consommée ne se régénère pas d'elle-même. Mais comment gérons-nous le manque potentiel d'énergie face à un besoin fort ? Nous essayons de dépenser le moins possible pour sauvegarder nos ressources. Nous retrouvons « l'avare cognitif » que nous avons rencontré au chapitre 2. Si le stock est limité, nous allons préserver nos ressources en choisissant des outils économiques, rapides et peu consommateurs d'énergie.

En somme, plus nous sommes fatigués, plus nous risquons d'utiliser nos stéréotypes dans toutes les relations professionnelles.

Vécu personnel

Un jour en formation, une participante me dit à ce propos : « C'est marrant ce que vous dites car je me suis rendu compte que plus je fais d'entretiens, moins je prends de notes sur les candidats à mesure que la journée avance ! » Mais alors dans ces conditions comment d'une part garantir une égalité de traitement entre les candidats ? Et d'autre part, comment imaginer que notre mémoire ne soit pas influencée par les stéréotypes ?

L'impact de la fatigue physique sur le jugement social a été maintes fois démontré dans des expériences de psychologie sociale. Les chercheurs consomment beaucoup d'étudiants en première année de psychologie pour les soumettre à toutes sortes de tests psychologiques. Et quand nous mettons des étudiants dans un état de fatigue physique intense, on observe des jugements et des comportements beaucoup plus discriminatoires en comparaison de ceux qui n'ont pas été soumis à un effort physique intense. Il est donc nécessaire dans les entreprises de réfléchir aux conditions dans lesquelles on évalue. Est-ce une bonne idée de faire les entretiens annuels d'évaluation en toute fin de journée ? Pas sûr. Est-ce une bonne idée de caser cinq entretiens le même jour ? Encore moins. Il est évident que les contraintes de l'entreprise ne permettent pas de faire coïncider les efforts physiques avec les biorythmes de chacun mais le simple fait d'être conscient de l'impact de la fatigue est déjà une première étape. Si un recruteur reçoit une candidate « chassée » qui ne peut pas se libérer avant 19 heures à cause d'engagements professionnels en cours, il doit se mettre en vigilance et se dire qu'il risque, encore plus, de se laisser aller à se dire que le poste est relativement incompatible avec le fait d'être une femme. S'il fait cet effort, il a fait 80 % du chemin contre ses stéréotypes.

CE QU'EN DIT LA RECHERCHE

En laboratoire, il existe deux méthodes classiques pour tester l'impact de la fatigue physique sur l'exactitude des jugements. Soit on compare des participants que nous avons volontairement épuisés avec d'autres qui n'ont pas subi le même sort (Kim et Baron, 1988), soit nous comparons les performances de deux échantillons comparables effectuant la même tâche, soit à 9 heures, soit à 20 heures (Bodenhausen, 1990). Dans les deux cas, on démontre que la fatigue accentue le recours aux stéréotypes.

Au-delà de la fatigue physique, il faut aussi évoquer la question de la « surcharge mentale ». Il est rare, dans le cadre professionnel, que nous puissions être à 100 % disponibles pour une seule activité. Même si nous travaillons sur un dossier, les collègues nous interrompent pour « presque rien » ou pour « un petit service », le téléphone sonne ou notre ordinateur nous prévient qu'un email vient d'arriver. Certains optent pour un jour de télétravail par semaine car, selon eux, c'est le seul moment de la semaine où ils peuvent travailler de façon très efficace. Chez soi. C'est un comble. L'entreprise peut finir par devenir le lieu le moins approprié au travail tant les sollicitations sociales, émotionnelles et surtout cognitives sont multiples et se superposent. Alors comment faisons-nous pour gérer cette surcharge ? Les mêmes causes produisant les mêmes effets, toute activité mentale nous prive d'une partie de nos ressources et celles-ci sont donc amoindries pour effectuer une autre tâche concomitante. Ainsi, si notre cerveau est encombré par une préoccupation quelconque alors même que nous sommes sollicités par une activité évaluative, celle-ci sera effectuée sur les mêmes principes économiques et rapides, c'est-à-dire par l'usage des stéréotypes.

Et dans la vraie vie

Julien est manager. L'entretien a démarré depuis plus de 15 minutes et c'est le quatrième de la journée qu'il conduit. Les derniers candidats de la *short-list* établie par les RH se valent et leurs discours se ressemblent. De fait, alors que le candidat raconte à Julien son extrême motivation à travailler dans cette si florissante entreprise, ce dernier se laisse aller à penser à sa réunion du lendemain matin. Panique, il n'a pas fini ses *slides* ! Mais quand va-t-il les faire ? Il doit aussi rentrer chez lui pas trop tard car il a ses enfants cette semaine. Que va-t-il leur faire à dîner d'ailleurs ? Que reste-t-il dans le frigo ? Quand a-t-il fait les courses la dernière fois ? C'est fou ce que ça mange les ados... Voilà Julien très loin de son entretien mais pourtant il fait des « hum... », et hoche la tête un peu comme fait le chien en plastic sur la plage arrière des voitures à chaque coup de frein. Il est bien là, mais son cerveau est parti très très loin... Que lui restera-t-il de ce que le candidat a dit ? Pas grand-chose au moins pour cette partie de l'entretien !

Pour ne pas laisser les stéréotypes prendre le pouvoir sur nos opinions et décisions, il est donc indispensable de mettre à la disposition de toute tâche évaluative l'intégralité de nos ressources mentales. Il faut faire le vide, s'interdire de penser à autre chose, décrocher son téléphone et fermer sa porte. Être à 100 % concentré sur ce qui est dit afin d'être en mesure de se former l'impression la plus rationnelle qui soit.

La gestion des émotions

Dans le même ordre d'idée, nous savons que certaines émotions fortes sont aussi des accélérateurs du recours aux stéréotypes pour des raisons assez comparables. Toute émotion
intense encombre notre cerveau car soit elle génère un état
inconfortable de dissonance si cette émotion est négative, soit
elle nous déconcentre en nous poussant à stimuler cette émotion plaisante quand elle est positive. Ainsi, une partie de nos
ressources se retrouve indisponible et donc nous raisonnons
avec la nécessité, encore une fois, d'être peu consommateur en
énergie, ce qui implique le recours à des stratégies rapides et
économiques : les stéréotypes (pour une revue de questions,
voir Niedenthal *et al.*, 2009 ; Channouf, 2004).

L'impact négatif des émotions sur la justesse de nos opinions
est particulièrement fort concernant la colère. Cette émotion
nous pousse vers des raccourcis de pensée car elle nous prive
des ressources suffisantes pour rester lucide et concentré. Or
l'entreprise est bien un environnement pétri d'émotions négatives. Les mauvaises nouvelles, les collègues paresseux ou
déplaisants, les consignes infantilisantes (personnellement cela
me met hors de moi qu'un pauvre autocollant dans les toilettes
me rappelle que je dois me laver les mains...), les contraintes

de temps, les collègues qui parlent fort dans l'*open-space*, les rumeurs de fusion, le chef toujours en retard sans que personne s'en aperçoive... Nous sommes, toute la journée, branchés sur nos émotions, fortes ou faibles, positives ou négatives. Autant que faire se peut, il serait bénéfique que celles-ci ne soient pas intenses au point de nous priver de notre lucidité et de notre capacité d'analyse. Dans les réunions, on voit bien comment les stéréotypes, mis en sommeil, se réveillent brusquement quand le ton monte ! On est respectueux avec les stagiaires tant que tout va bien. Et d'un coup, ils deviennent nos souffre-douleur si on sort d'une réunion pendant laquelle nous avons, nous-mêmes, été mal traités. Quand tout va bien dans une réunion, on débat, on cherche des contre-arguments constructifs face à l'alternative. Puis quand les émotions surgissent, les arguments disparaissent derrière les stéréotypes les plus archaïques car on n'arrive plus à penser. On ironise, on plaisante, on agresse ou carrément, on quitte la réunion.

Pour lutter efficacement contre l'usage des stéréotypes, il faut donc « dépassionner » les échanges professionnels. Les collègues, les candidats, les clients et les fournisseurs sont des acteurs avec lesquels il convient de rester dans des postures conviviales mais professionnelles. Il est bien évident que l'entreprise est un lieu de vie dans lequel les échanges sortent souvent et facilement du cadre, compte tenu du temps qu'on y passe et de la charge émotionnelle qui peut la caractériser mais cela n'aide pas à rester dans un cadre rationnel pour nos opinions et nos décisions. Comment, par exemple, un gestionnaire de carrière peut-il rester objectif quant à la promotion éventuelle d'un collègue qui est devenu un ami proche ? L'entreprise ne doit pas devenir un lieu froid, sans complicité ni amitié, mais les relations professionnelles doivent rester dans un cadre limitant un flux d'émotions trop fortes.

Enfin, les émotions peuvent être induites par les stéréotypes et réalimenter un cercle vicieux dans lequel toute décision rationnelle devient impossible. C'est le cas, par exemple, de l'empathie. Combien de fois ne m'a-t-on dit en formation qu'il était impossible de licencier une personne en situation de handicap ! Comment peut-on faire cela à quelqu'un qui est dans une telle situation ? Pourtant on devrait pouvoir. Le handicap n'empêche ni la paresse, ni l'incompétence. C'est rendre service à tout le monde (et surtout aux personnes handicapées motivées et compétentes) que d'avoir un comportement « normal » et dépourvu d'émotions trop bienveillantes envers les personnes handicapées. On doit les recruter, les promouvoir et les congédier sur la base de leurs compétences *versus* incompétences uniquement. Comme tout le monde.

Le sentiment de contrôle

Nous avons évoqué longuement le besoin naturel de tout être humain à être animé par un sentiment de contrôle sur sa vie et sur le contexte dans lequel il évolue. Je voudrais juste ici refaire un point précis sur l'impact de l'absence de contrôle sur l'usage des stéréotypes. J'ai eu la chance de participer à une étude menée par François Ric en 2003 sur cette question. Nous proposions à des participants de résoudre des problèmes de raisonnement qui étaient truqués par nos soins, c'est-à-dire sans solution logique. Puis, nous les soumettions à une tâche de jugement judiciaire. Le but était d'estimer la culpabilité d'une personne suspectée d'avoir commis un délit, ce qui nous permettait de tester l'usage des stéréotypes en manipulant la catégorie d'appartenance du suspect. De façon intéressante, quand les sujets sont soumis à un nombre réduit de problèmes sans solution, ils sont un peu agacés de ne pas réussir mais conservent les capacités de se remobiliser pour réussir le second exercice. De fait, ils se concentrent et utilisent assez peu leurs stéréotypes. Ils sont dans un état dit de « réactance ». En revanche, ceux qui sont exposés à un grand nombre de problèmes sans solution sont à la fois agacés et finissent par internaliser leur « incompétence » au point de se déconcentrer car ils ont perdu le contrôle de la situation. Ceux-là se retrouvent dans un état dit « d'impuissance acquise » et ils utilisent massivement leurs stéréotypes dans l'exercice judiciaire. Cette étude montre qu'à partir d'un certain seuil de perte de contrôle sur la situation, nous perdons confiance en nous, nous ne comprenons plus pourquoi ni comment agir et, de fait, nous utilisons des raccourcis de pensée parmi lesquels on retrouve encore et toujours les stéréotypes.

Dans l'entreprise, comment se matérialise l'absence de contrôle ? Elle est potentiellement incarnée dans tout ce qui est inconnu, inattendu ou inexplicable, autrement dit, tout ce qui change... Pour lutter contre l'usage des stéréotypes dans toutes les relations professionnelles, il faut toujours entretenir un seuil minimum de sentiment de contrôle chez les salariés quels qu'ils soient. Et cela passe par l'information descendante riche et crédible pour gérer l'inconnu, par la capacité à anticiper des situations inattendues et par beaucoup de pédagogie et d'explications sur les choix, les orientations et la stratégie.

Un bon exemple concerne la collaboration étroite qui doit exister entre les managers et les RH. Si cette communication est inexistante, conflictuelle ou rompue, des demandes et des consignes non négociées et discutées circulent dans les deux sens. Les managers établissent parfois des profils de poste sans que les RH ne comprennent pourquoi certaines compétences sont plus nécessaires que d'autres. Et de leur côté, les RH forcent la main des managers pour certains candidats pudiquement appelés « atypiques » sans expliquer le bénéfice qui existe à animer une équipe hétérogène. Un dialogue de sourd peut alors s'installer car personne ne comprend la démarche de l'autre. Les stéréotypes se renforcent et les relations se crispent.

Conclusion

Le thème des stéréotypes est à la mode. Jamais je n'aurais imaginé en soutenant ma thèse en 1997 que j'aurais, un jour, matière à rédiger un livre entièrement consacré au monde de l'entreprise. Mais le danger est le même que pour tous les effets de mode. Va-t-il s'éteindre ou assistons-nous à un virage irréversible de la réflexion profonde sur les relations professionnelles ? Difficile à dire. Mais pour ancrer durablement cette (r)évolution, il convient de prendre deux précautions majeures.

D'une part, il faut sortir d'un discours partisan qui culpabilise les uns et vénère les autres. Les stéréotypes ne sont pas le monopole de quelques « méchants » au détriment de victimes qui seraient toujours les mêmes dans une logique de complot. Ils s'inscrivent dans un système auquel tout le monde participe, consciemment ou non. Certes, certains groupes sont historiquement et culturellement stigmatisés mais c'est justement pour cette raison qu'il ne faudrait pas inverser les rôles. Dans le même temps, il ne faut pas faire la bascule du côté de leur instrumentalisation. Si la « domestication » des stéréotypes peut augmenter la performance collective, il ne faut pas perdre de vue qu'ils revêtent une dimension éthique primordiale. Olivier Théophile (responsable RSE chez LVMH) remarquait, il y a quelques mois, lors d'un petit-déjeuner que nous co-animions : « Et si la diversité ne servait à rien, faudrait-il pour autant la laisser tomber ? » Cette remarque s'applique tout autant aux stéréotypes. S'ils n'avaient aucun impact négatif sur la performance des entreprises, faudrait-il les laisser nous agir, en l'état ? Bien sûr que non.

D'autre part, c'est un sujet trop sensible pour être traité de façon imprécise. La littérature sur les stéréotypes est dense, complexe, et elle s'appuie sur des travaux sérieux. Il est donc nécessaire de maintenir une approche objectivante et argumentée, tant il est difficile d'avoir de la distance quand on en parle à travers le prisme de son histoire, de son âge, de sa culture ou de son militantisme. N'en déplaise à Brigitte Grésy (2014), notre démarche (notamment avec l'étude IMS) est de ramener l'analyse des stéréotypes à une réalité factuelle afin de mieux l'analyser. Il me semble, en effet, plus sérieux d'agir ainsi qu'en agitant des drapeaux et en imaginant que le simple fait d'affirmer revient à convaincre.

L'entreprise est un lieu de paradoxes et cette règle s'applique aux stéréotypes. D'un côté, elle a le pouvoir de les entretenir en recrutant de façon sélective, en hiérarchisant arbitrairement les pouvoirs ou en entretenant les inégalités. Mais dans ce cas, elle prend le risque de se priver de talents atypiques, elle enferme les relations dans des communautés et elle répand un mal-être partagé (et accessoirement elle risque de contrevenir à la loi). Dans le même temps, l'entreprise est un formidable terrain de jeu pour faire changer les mentalités et irriguer toute la société par ses pratiques. C'est un lieu de découvertes, d'échanges, de challenges et de remises en cause quotidiennes. Et dans ce cas, elle fait le pari que l'inclusion de toutes et tous, la communication fluide et le bien-être de chacun-e sont des vecteurs de bonne santé. Faisons en sorte qu'elle prenne la seconde voie.

Remerciements

En premier lieu, je voudrais remercier Éléonora Russo, pour son travail pointu et exigeant de relecture et pour l'ensemble de son œuvre dans sa capacité à partager mon bureau, à gérer mes mauvaises blagues et mes atermoiements.

Merci à Louis Schweitzer pour sa préface et pour avoir fait rayonner la HALDE pendant toute la période de son mandat.

Merci à Pete Stone pour son professionnalisme, son expertise et son humour, *so british*.

Plus généralement, je voudrais remercier ici toutes les personnes qui ont, sans le savoir, contribué à ce livre par les expériences qu'ils m'ont livrées, pour leur confiance et surtout parce que nous partageons une éthique et une même vision de la diversité.

Je pense aux étudiants que j'ai pu encadrer dans leurs travaux de recherche sur la diversité et les stéréotypes, à l'université Lyon 2, à l'université d'Amiens, et à ESCP Europe depuis plus de quinze ans avec une pensée toute particulière pour Stéphanie Guedez.

Je pense, bien sûr, à Laurent Derivery qui me laisse une grande liberté au sein du cabinet Valeurs et Développement pour déployer mes idées, même les plus incongrues, et qui garde toujours son calme face à mon incapacité totale à faire des notes de frais sans erreur.

Je pense à toutes celles et ceux qui évoluent dans le champ de la diversité avec la conviction que l'entreprise est un environnement compatible avec le bien-être et le respect de chacun(e).

Je pense à Patrick Banon, Benjamin Blavier, Boris Bertin, Carole Da Silva, Inès Dauvergne, Annie Ducellier, François Fatoux, Xavier Gras, David Herz, Marie-Christine Maheas, Margaret Millan, Stéphane Philip, Philippe Pierre, Gilles Rapaport, Valérie Rocoplan, Annabelle Rouault, Claude Ruche, et toutes celles et ceux que je ne peux nommer car, selon la formule consacrée, la liste serait bien trop longue.

Je pense à toutes celles et ceux qui, dans leurs entreprises respectives, ont la difficile tâche de faire bouger les lignes en interne sur la diversité et qui me font confiance. Je pense à Dominique Bellion, Catherine Bihr-Rémy, Laure Bruere-Dawson, Pao-Leng Damy, Guillaume Darsy, Laurent Depond, Maryse Droff, Sophie Hozatte, Olivier Kossowski, Béatrice Le Fouest, Emmanuelle Lièvremont, Isabelle Martinet, Aude Moënne-Loccoz, Jean-Michel Monnot, Dominique Nogent, Marie-Stéphane Pefferkorn, Frédérique Poggi, Laurence Reckford, Sandrine Rossignol, Gaétan Ruffault, Armelle Sciberras, Céline Simon, Olivier Théophile, Hélène Vilminot, Elisabeth Vuillaume et tous les autres...

Merci également à Béatrice Madiot et Pierre-André Nicolas qui m'ont aidé dans l'analyse des études IMS.

Merci enfin à Anouk et Valentin qui, tous les jours par leur spontanéité, retoquent mes stéréotypes et me rappellent que souvent, les cordonniers sont en effet les plus mal chaussés.

Merci à ces vingt-six femmes et ces vingt-et-un hommes. Décidément, la mixité a vraiment du bon...

Bibliographie

Articles scientifiques, ouvrages et chapitres d'ouvrages

ADORNO T.W., FRENKEL-BRUNSWIK E., LEVINSON D.J. ET SANFORD R.N. (1950). *The Authoritarian Personnality*, New York, Academic Press.

AZZI A. E. ET KLEIN O. (1998). *Psychologie sociale et relations intergroupes*, Paris, Dunod.

BARGH J.A., CHEN M. ET BURROWS L. (1996). « Automaticity of social behavior : Direct effects of trait construct and stereotypes activation in action », *Journal of Personality and Social psychology*, 71, 230-244.

BODENHAUSEN G.V. (1990). « Stereotypes as judgmental heuristics : Evidence of circadian variations in discrimination », *Psychological Science, 1*, 319-322.

Stéréotypes, discrimination et relations intergroupes, collectif dirigé par BOURHIS R.Y. et LEYENS J.-P., Bruxelles, Mardaga, 1999.

CHANNOUF A. (2004). *Les Influences inconscientes. De l'effet des émotions et des croyances sur le jugement*, Paris, Armand Colin.

CORNEILLE O. (1994). « Le contact comme mode de résolution du conflit intergroupes : une hypothèse toujours bien vivante », *Les Cahiers internationaux de psychologie sociale, 23*, 40-60.

CROIZET J.-C. et CLAIRE T. (1998). « Extending the concept of stereotype threat to social class : the intellectual underperformance of students from low socioeconomic backgrounds », *Personality and Social Psychology Bulletin, 24,* 588-594.

CROIZET J.-C. et LEYENS J.-P. (2003). *Mauvaises réputations. Réalités et enjeux de la stigmatisation sociale,* Paris, Armand Colin.

CROWLEY K., CALLANAN M.A., TENENBAUM H.R. et ALLEN A. (2001). « Parents explain more often to boys than to girls during shared scientific thinking », *Psychological Science, 12,* 258-261.

DE LA HAYE A.-M. (1998). *La Catégorisation des personnes,* Grenoble, Presses universitaires de Grenoble.

DOISE W. (2009). *Discriminations sociales et droits universels,* Grenoble, Presses universitaires de Grenoble.

DOLLARD J., DOOB L.W., MILLER N.E., MOWRER O.H. et SEARS R.R. (1939). *Frustration and aggression,* New Heaven, Yale University Press.

DUBOIS N. (1987). *La Psychologie du contrôle,* Grenoble, Presses universitaires de Grenoble.

EDIN V. et HAMMOUCHE S. (2012). *Chronique de la discrimination ordinaire,* Paris, Gallimard, coll. « Folio Actuel ».

FESTINGER L. (1954). « A theory of social comparison processes », *Human Relations, 7,* 117-140.

FESTINGER L. (1957). *A Theory of Cognitive Dissonance,* Stanford, Stanford University Press.

FISKE S.T. et NEUBERG S.L. (1990). « A continuum of impression formation from category based to individuating processes : Influences of information and motivation on attention and interpretation », in M.P. Zanna (éd.). *Advances in Experimental Social Psychology* (vol. 23), New York, Academic Press.

FISKE S.T. et TAYLOR S.E. (2011). *Cognition sociale. Des neurones à la culture,* Bruxelles, Mardaga.

GRÉSY B. (2014). *La Vie en rose. Pour en découdre avec les stéréotypes*, Paris, Albin Michel.

HAMILTON D.L. et GIFFORD R. (1976). « Illusory correlation in interpersonal perception : a cognitive bias of stereotypic judgments », *Journal of Experimental Social Psychology, 12*, 392-407.

HEILMANN M.E., BLOCK C.J. et LUCAS J.A. (1992). « Presumed incompetent ? Stigmatization and affirmative actions efforts », *Journal of Applied Psychology, 77*, 536-544.

HÉRITIER F. (1996). *Masculin/féminin. La pensée de la différence*, Paris, Odile Jacob.

HERMAN G. (éd.) (2007). *Travail, chômage et stigmatisation : une analyse psychosociale*, Bruxelles, De Boeck

HOFSTEDE G. et BOLLINGER D. (1986). *Les Différences culturelles dans le management*, Paris, Éditions d'Organisation.

HOOGENDOORN S. et van PRAAG M. (2012). *Ethnic Diversity and Team Performance : A Field Experiment*, Amsterdam, Tinbergen Institute.

HOOGENDOORN S., OOSTERBEEK H. et VAN PRAAG M. (2013). « The impact of gender diversity on the performance of business teams : evidence from a field experiment », *Management Science* (revue en ligne).

JOHNSON J., WHITESTONE E., JACKSON A.L. et GATTO L. (1995). « Justice is still not colorblind : differential racial effects on exposure to inadmissible information », *Personality and Social Psychology Bulletin, 21*, 893-898.

KAHNEMAN D. (2011). *Thinking Fast and Slow*, New York, McMillan.

KAPFERER J.-N. (1987). *Rumeurs : le plus vieux média du monde*, Paris, Éditions du Seuil.

KIM H.S. et BARON R.S. (1988). « Exercice in the illusory correlation : Does arousal heighten stereotypic processing ? », *Journal of Experimental Social Psychology, 24*, 366-380.

LANDRIEUX-KARTOCHLAN S. (2004). « La contribution des femmes à la performance : une revue de la littérature », DARES, Document d'études n° 83.

LANGER E. (1975). « The illusion of control » *Journal of Personality and Social Psychology, 32,* 311-328.

LEE Y.-T., JUSSIM L.J. et MCCAULEY C.R. (1995). *Stereotype Accuracy : Toward Appreciating Group Differences,* Washington DC, American Psychology Association.

LÉGAL J.-B. et DELOUVÉE S. (2008). *Stéréotypes, préjugés et discrimination,* Paris, Dunod.

LERNER M.J. (1965). « Evaluation of performance as a function of performer's reward and attractiveness », *Journal of Personality and Social Psychology, 1,* 355-360.

LEVY G. et HAAF R.A. (1994). « Detection of gender-related categories by 10 months old infants », *Infant Behavior and Development, 17,* 457-459.

LEVY B.R., SLADE M.D., KUNKEL S.R. et S.V. (2002). « Longevity increased by positive self-perceptions of aging », *Journal of Personality and Social psychology, 83,* 261-270.

LEYENS J.-P., YZERBYT V. et SCHADRON G. (1996). *Stéréotypes et cognition sociale,* Bruxelles, Mardaga.

LEYENS J.-P. (2012). *Sommes-nous tous racistes ? Psychologie des racismes ordinaires,* Bruxelles, Mardaga.

LORENZI-CIOLDI F. et BUSCHINI F. (2005). « Vaut-il mieux être une femme qualifiée ou être qualifiée de femme ? Effets paradoxaux de la catégorisation dans la discrimination positive », in M. Sanchez-Mazas et L. Licata (éd.), *L'Autre. Regards psychosociaux,* Grenoble, Presses universitaires de Grenoble.

Mixité : quand les hommes s'engagent, collectif dirigé par MAHÉAS M.-C., Paris, Eyrolles, 2015.

MILGRAM. S. (1974). *Soumission à l'autorité,* Paris, Calmann-Lévy.

MUTABAZI E. et PIERRE P. (2010). *Les Discriminations*, Paris, Le Cavalier Bleu Éditions.

NIEDENTHAL P., KRAUTH-GRÜBER S. et RIC F. (2009). *Comprendre les émotions. Perspectives cognitives et psychosociales*, Bruxelles, Mardaga.

PASSMORE J., PETERSON D. et FREIRE T. (2012). *Handbook of Psychology of Coaching and Mentoring*, New York, Wiley-Blackwell.

RIC F. et SCHARNITZKY P. (2003). « Effects of control deprivation on effort expenditure and accuracy performance », *The European Journal of Social Psychology, 33*, 103-118.

ROBERSON L., DEITCH E.A., BRIEF P.A. et BLOCK C.J. (2003). « Stereotype threat and feedback seeking in the workplace », *Journal of Vocational Behavior, 62*, 176-188.

ROSENTHAL R. et JACOBSON L. (1971). *Pygmalion à l'école*, Paris, Casterman.

RUFFLE B.J. et SHTUDINER Z. (2012). « Are good-looking people more employable ? », *Management Science* (revue en ligne)

SCHARNITZKY P. (1998). « Le concept de variabilité perçue des groupes sociaux : une revue de questions », *Les Cahiers internationaux de psychologie sociale, 40*, 47-61.

SCHARNITZKY P. (2006). *Les Pièges de la discrimination. Tous acteurs, tous victimes*, Paris, Éditions de l'Archipel.

SCZESNY S. et STAHLBERG D. (2002). « The influence of gender-stereotyped parfumes on leadership attribution », *European Journal of Social Psychology, 32*, 815-828.

SHIH M., PITTINSKY T.L. et AMBADY N. (1999). « Stereotype susceptibility : Identity salience and shifts in quantitative performance », *Psychological Science, 10*, 80-83.

SNYDER M. et Tanke E.D. et BERSCHEID E. (1977). « Social perception and interpersonnal behavior : on the self-fulfilling nature of social stereotypes », *Journal of Personality and Social Psychology, 35*, 656-666.

STANGOR C. et DUAN C. (1991). « Effects of multiple tasks demands upon memory for information about social groups », *Journal of Experimental Social Psychology, 27*, 357-378.

STEELE C.M. et ARONSON J. (1995). « Stereotype threat and the intellectual test performance of African Americans », *Journal of Personality and Social Psychology, 69*, 797-811.

SZCYGLAK G. (2014). *Guide pratique du mentoring. Développez l'intelligence collective*, Paris, Pearson.

TAJFEL H. (1978). *Differenciation Between Social Groups : Studies in the Social Psychology of Intergroup Relations*, New York, Academic Press.

VIDAL C. (2012). *Hommes, femmes, avons-nous le même cerveau ?*, Paris, Le Pommier.

VIDAL C. (2012). *Les filles ont-elles un cerveau fait pour les maths ?*, Paris, Le Pommier.

WEINSTEIN N.D. (1980). « Unrealistic optimism about future life events », *Journal of Personality and Social Psychology, 39*, 806-820.

WHITLEY B. et KITE M. (2013). *Psychologie des préjugés et de la discrimination*, Paris, De Boeck.

WORD C.O., ZANNA M.P. et COOPER J. (1974). « The nonverbal mediation of self-fulfilling prophecies in interracial interaction », *Journal of Experimental Social Psychology, 10*, 109-120.

YZERBYT V. et SCHADRON G. (1996). *Connaître et juger autrui : une introduction à la cognition sociale*, Grenoble, Presses universitaires de Grenoble.

ZAVALLONI M. et LOUIS-GUÉRIN C. (1984). *Identité sociale et conscience*, Montréal, Privat.

Rapports, études et guides pratiques

Catalyst (2004). *The Bottom Line : Connecting Corporate Performance and Gender Diversity.*

Catalyst (2007). *The Double-Bind Dilemma for Qomen in Leadership.*

Centre de recherche et d'information sur les organisations et les consommateurs (2011). *Les Décisions d'achat.*

Derivery L., Russo E. et Scharnitzky P. (2014). *Rapport sur le CV anonyme*, manuscrit non publié.

IMS Entreprendre pour la cité (2011). *Les Stéréotypes sur le handicap. Comprendre et agir dans l'entreprise.*

IMS Entreprendre pour la cité (2012). *Les Stéréotypes sur le genre. Comprendre et agir dans l'entreprise.*

IMS Entreprendre pour la cité (2014). *Les Stéréotypes sur les origines. Comprendre et agir dans l'entreprise.*

La Fabrique Spinoza (2013). *Le Bien-être au travail, objectif en soi et vecteur de performance économique.*

McKinsey and Compagny (2010). *Women matter : la mixité, levier de performance de l'entreprise.*

Observatoire sur la responsabilité sociétale des entreprises (2013). *Les Hommes : sujets et acteurs de l'égalité professionnelle.*

Research Institute du Crédit Suisse (2014). *The CS Gender 3000 : Women in Senior Management.*

Scharnitzky P., Russo E. et Derivery L. (2011). *Le CV acteur (malgré lui) de la discrimination*, rapport non publié.

The McKinsey Quaterly (2008). *A Business Case for Women.*

Index

E

effet d'homogénéisation de l'exogroupe 28
effet pygmalion 139
effet rebond 158
égalité des chances 131, 198
égalité professionnelle 12, 174
état de consonance 152
éthique 113
évaluation 63

F

Fatoux (F.) 188
féminisation 115, 174
femmes/hommes 27, 30, 90, 91, 160, 174, 187, 192, 195, 196
Festinger (L.) 103
frustrations 94

G

génération Y 130
genre 78, 95, 194, 195
gestion des émotions 218
gestion des talents 192
groupes d'appartenance 119

H

Haaf (R.A.) 50
handicap 12, 34, 55, 56, 116, 133, 173, 174, 186, 190
Héritier (F.) 92
hétérostéréotype 26, 142, 198
Hofstede (G.) 109
homosexualité 49

I

internalisation de normes 48

J

Johnson (J.) 158

K

Kahneman (D.) 18

L

label Diversité 171
Lerner (M. J.) 23
Levy (B. R.) 144
Levy (G.) 50
Leyens (J.-Ph.) 206
lobbying 169
logique de renoncement 152
lutte contre les stéréotypes 202, 211

M

mal-être au travail 22, 95, 123
management de la diversité 162
masculinisation du management 188
menace du stéréotype 146
mentorat 193
mentoring 120, 121, 122
métastéréotype 29, 145
Milgram (S.) 167
mixité 159, 174, 185
mixité sociale 116

www.ingramcontent.com/pod-product-compliance
Lightning Source LLC
Chambersburg PA
CBHW070351200326
41518CB00012B/2201